影響力

あなたがブランドになる日

永松茂久
nagamatsu shigehisa

きずな出版

とある書店にて——

仕事終わり、いつもの帰り道を僕は歩いていた。

ふだんに増して、今日は気分がどんよりした一日だった。

部下は満足に言うことを聞いてくれず、そのことで上司からも怒られた。

あー。ため息が出る。これは特段、僕にとってはめずらしいことではないけど、なぜか今日は、これから先の人生を考えてしまった。

転職は何度も考えた。とはいったって現実的に考えて、いまさら新しいところで働くのも面倒だし、だからといって起業しようとしても何から手をつけていいのかわからない。

最近、僕の会社がこんな御触れを出した。


「**副業を認めます**」


副業か……何をやろうかな。

しばらくご無沙汰している、あのスクールに顔を出してみようかな。

いまはこんな感じの僕だけど、じつは起業に夢を持った時期もあった。

有名な人のセミナーや講演にはまり、何度も足を運んだこともある。起業のスクールにも通ったし、心理カウンセラーの初級ライセンスと、とあるコーチングスクールの認定コーチの資格も持っている。

でも残念ながら、いままでセッションに来てくれたクライアントはわずか2人。格安にしたことによって受けてくれた友人と、人生に迷っていた従兄弟のお姉ちゃんだけ。

そのときはまだ会社が副業を許可していなかったが、こそっとブログを立ち上げて集客もしてみた。でも続かなかった。まったくアクセスが集まらなかったからだ。にもかかわらず、「いつの日か！」と有名ブロガーを目指して一生懸命書いている自分が虚しくなった。

資格を取ったコーチングスクールの講師にアクセスを集める相談もしてみた。だけど、

「うちはコーチングのライセンスを発行する学校ですから、アクセス集めなどのマーケティングは、専門のところで学んでください」

とあっさりと言われた。

そんな苦い経験があるから、僕は副業で稼ぐことも、ましてや独立して起業するなんてことも考えるのはやめた。

それにしても先が見えない。このままこの会社で勤めることも、それほど未来に期待が持てないし、独立起業も大変そうだ。

僕はこの先も、こんな鈍い感情を抱えながらずっと生きていくのだろうか？　いや、今日はなんかそんなことを考えてしまう日なのかな？

そんなことを思いながら歩いていると、さらに心が重たくなってきたので、ちょっと帰宅コースを変えて、最近、近所にできた書店に行ってみた。

なんとなくビジネス書のコーナーをのぞいてみる。

日常的に書店に行くタイプではないけど、一応仕事で先のことを考えはしているほうだったから、この手の本は嫌いじゃない。

ただ、この場所に来ると、いつもざらついた感覚になる。所狭しと並んでいる成功法則やビジネスのノウハウを見て、こう感じてしまう。

そもそも人が成功するのに、こんなにたくさんの本が必要なのか？

だいたい、本の著者なんか自分がうまくいっているから、こうやって本を書いているのかもしれないけど、それって特別な人たちだけが、高いところからものを言っているだけじゃないのか？

そんなふうに斜に構えてしまう自分が、だんだん嫌になってくるのだ。

もちろんそういう著者に対する憧れがないと言えば、それは嘘になる。

でも、なんかくやしい。そんな矛盾した感情を抱えながら、ビジネス書のコーナーで本を見ていると、その中に一冊、なぜか目に留まった本があった。


そのタイトルは『影響力―あなたがブランドになる日』。


著者は知らない人。ただタイトルだけが妙に気になって手に取ってみた。あわよくば、人の心を動かすことができる影響力も欲しいし、ブランドと呼ばれる人になりたい。

しかも帯には「自分の名前で生きていく」なんて書いてあるし。以前、起業を目指していたときは、もっと素直でモチベーションが高く、こういう文言を目にすると何の疑いもなく、「よし、今日から俺は、会社に頼らず自分の名前で生きていくんだ！」となったと思うけど、いまはとても複雑な気分になってしまう。

人間、変われば変わるものだ。

会社名や周りの何かに頼らずに自分の名前だけで勝負できたら。そりゃ楽しいに決まっている。想像するだけでワクワクする。でも実際、世の中はそんなに甘くはないよ。と、また斜に構えながら、とりあえずその本を開いてみた。

すると一番最初のページにこう書いてあった。

いちばん大切なのは「何を言うか」より「誰が言うか」ということ。
その「誰」になりたい、すべての人たちへ。
影響力は簡単に手に入る。
ただ多くの人が難しいと思い込んでいるだけだ。

ああ、思ってるよ。思い込んでるよ。
だって難しいじゃん。影響力なんか簡単には手に入らないよ。
まあ、帰ってもすることはとくにないし、久々に本でも読んでみるか。

そう思って僕はレジに行った。

しかし、この本との出会いが、のちの僕の人生を180度、いや、540度も変えることになるということを、この時点の僕はまったく想像することはできなかった。

・起業したいと考えている人
・副業を成功させて、いつかは本業にしたいと考えているサラリーマンやＯＬ
・セミナー講師、コーチ、カウンセラーなどのメンター業志願者
・資格を取ってはみたものの、どうやってお客さまを集めたらいいのかわからない人
・子育てがひと段落したので、自分らしい人生を送りたいと願うママ
・士業、デザイナー、司会業、カメラマンなどのフリーランス業
・営業系の仕事に従事している人
・スタッフのことで頭を抱えている上司
・経営者や経営幹部といった実業家

……こういった方々の中で、

「コーチやカウンセラーの資格を取ったけど、お客さまが来ない」
「もっとお金を稼ぎたい」
「いつかは本を書きたい」
「人前で話ができるようになりたい」
「どうやってビジネスを組み立てていいのかわからない」
「もっとスタッフの信頼を得て、いい職場にしたい」
「自分の経験を通して、人の役に立ちたい」
「カリスマ性が欲しい」
「影響力を手に入れたいけど、その方法がわからない」

こんな思いを持っている人に向けて、この本を書きました。

Prologue

誰もがブランドになれる時代

「影響力」

あなたはこの言葉に、どんな印象を持ちますか？

一見他人ごとのようであり、しかし、この言葉に魅せられる人は少なくはないでしょう。

初めに結論をお伝えします。

これはあなたのために準備された言葉です。コツさえつかめば、あなたは簡単にこの影響力を手に入れ、「ブランド」と呼ばれる人になります。

しかし、多くの人がこの言葉に憧れながらも、実際はあきらめてしまっていることが残念でなりません。


「なぜ、あの人の周りにはいつも人が集まるんだろう？」

「なぜ、あの人は自由にやりたいことをやりながら、生きていけるんだろう？」

「なぜ、あの人はブランドと呼ばれるようになったんだろう？」


あなたの周りにそう思える人はいますか？

ＳＮＳで発信をすれば人が集まる、事業もうまくいっている、宣言した夢を次々に叶えていく……しかも、とても自分らしく。そんな人を見ると、人はまるでその人が魔法使いのように見えるでしょう。しかし、そんな魔法はこの世にはありません。

たった１つ言えるのは、その人が、

「どうすれば自分が影響力を手に入れ、そして発揮できるのか？」

を知っているということだけです。

まずは、ここであなた自身が影響力を手に入れると、どんなメリットがあるのかを、挙げてみましょう。

■自分の望むように未来をデザインできるようになる
■収入が増える
■時間が自由に使えるようになる
■オンリーワンになることで、不毛な価格戦争から抜けられる
■リピートが起こるから、集客がいらなくなる
■ファンがあなたの無料営業マンになってくれる
■あなたの価値の向上とともに商品単価が上がり、同時に利益率が上がる
■成功者が周りに集まり、いい話がまわってくる
■志の高い、質のよい仲間ができる

■あなたの望むお客さまが、向こうから来てくれるようになる
■ビジネスが安定する
■信頼性が向上する
■リーダーシップを獲得
■知名度と専門家としての地位を確立できる
■レッドオーシャンから抜け出し、ブルーオーシャンで楽しくビジネスができる
■価格を自分で決めることができるようになる
■オリジナルのコミュニティの創造が可能になる
■仕事を選ぶことが仕事になる
■人に自己肯定感や自己重要感を与えやすくなる
■会いたかった人が向こうからやってくる
■たくさんの「ありがとう」が集まる

他にもまだありますが、大きくまとめると、だいたいこのような感じです。

これらがすべてクリアされるなら、目指さないほうが損です。

影響力を持った存在、これを本書では「**インフルエンサー**」と表現します。

最近密かにメジャーになってきているこの「インフルエンサー」という言葉。インフルエンサーとは文字通り「影響力を持った人」に対して使われる言葉です。

有名な芸能人はもちろんとして、たとえばSNSで圧倒的な数の「いいね！」を集めることができる人や、たくさんの人を集めることができる講演家、ベストセラー作家、多数の会員を持っている組織のリーダーなど、「発信によって多くの人に影響を与える人」を総称して、インフルエンサーといいます。

自分の思いをスムーズに人に伝え、そして人が喜んでその人のために動いてくれて、報酬につながる、そんな人を動かす力。昔からインフルエンサーと呼ばれる人たちは、この力をフルに発揮し、自分の夢や理想を叶えてきました。そして21世紀になったいま、その影響力には一昔前と比べ、大きな変化が起きてきました。

それは、その影響力が、

〝一部の権力者たちだけが持っていたものが、私たち民間で普通に生きている人たちも、簡単に手にすることができるようになった〟

ということです。

その要因は大きく分けて2つあります。

1つは、この不景気によるブランド企業神話や終身雇用制度の崩壊から生まれる、先行き不安。

もう1つは、SNSを始めとするIT文化の発達による、個人の情報発信のフリー化です。

この2つの要因により、20世紀までは絶対不動と思われていた私たちの価値観が激変してきたのです。もっとわかりやすく言うと、個人であるあなた自身が「ブランド」という影響力を手に入れることができるようになった、ということです。

あなたが「なぜあの人は……？」と思う人たち、つまりインフルエンサーたちは、いち早くこのことに気づき、セオリーにしたがって、自分自身をブランディングしてきただけのことです。

あなたとその人との差は、この時代の変化にいち早く気づき、「自分も必ずブランドになれる」と信じて、その方法を積み重ねてきたか、片や残念ながらそのことを知らずに過ごしてきたか、だけなのです。そしてこの流れはまだ始まったばかりです。

この時期に本書を手にしたことは、あなた自身が影響力を手に入れ、インフルエンサーと呼ばれる生き方の扉を開けたことに他なりません。

さて、はじめまして。（株）人財育成ＪＡＰＡＮの永松茂久と申します。

私は現在、九州の大分と福岡で複数の飲食店とフィットネスクラブを経営しながら、東京の港区にオフィスを構え、個人の自己実現のための「永松塾」という出版とコーチングのスクール、執筆や講演、セミナーを始めとするパーソナルブランディングを目指す人たち向けのコンサルティング事業を営んでいる現役経営者です。

私はこれらの仕事を通して、たくさんの方の自己実現のお手伝いをしていく中で、よくいただく〝3つの質問〟があります。

それは、

「どうすれば影響力を手に入れることができますか？」
「どうすれば自分のブランディングがうまくいくのでしょうか？」
「いまあるノウハウや資格を、どうやったらもっと、ビジネスで活かすことができるのでしょうか？」

というものです。

この質問にお答えしていく過程で、「いまこそがパーソナルブランディングと影響力の時代だ」と私は確信しています。

仕事上、ありがたいことに私の周りにはベストセラー作家や、カリスマセミナー講師、ひっきりなしにお客さまが来て予約数ヵ月待ちのコーチやカウンセラー、コンサルタントといったインフルエンサーたちがたくさんいます。
私もこれまでの活動を通して、その人たちの仲間入りができ、彼らとよくお話しさせていただく機会に恵まれたのですが、その中で意外なことを2つ発見しました。

1つは、彼らや彼女らの中に、映画やテレビに出てくるような特殊能力を持ったスーパーマンは一人もいないということ。

そしてもう1つは、その人たちのほとんどが、スタート時点でいまのあなたと同じように、影響力を手に入れるために頭を悩め、失敗を繰り返してきたということです。

私自身も、大分県の中津市という小さな田舎町で、3坪の行商のたこ焼き屋からビジネスを起こし、18年経ったいま、何に一番頭を悩ませてきたかと考えたとき、出る答えは、
「どうすれば影響力を手に入れることができるのか？」
ということでした。そしていまもそれを追求する道の途中です。

本書では、これまでの経験から私が気づいたこと、そしてたくさんの人たちの自己実現のお手伝いを通して確立したブランディング手法、周りの成功者たちから学んだ、影響力の獲得における共通点を中心に据えて、いち早くあなたの悩みを解消し、あなた自身がここからインフルエンサーとしての道を歩いていけるよう、お伝えしていきたいと思います。

もう一度言います。
あなたが影響力を手に入れることは、あなたが思っているよりずっと簡単です。

ではいまから、その武器を手に入れる準備に入りましょう。

Contents

Chapter 1

なぜ、いま「影響力」なのか？

Chapter2

まずは自分を明確化する

Chapter3

お客さま像を明確化する

Chapter4

お金に対するメンタルブロックを外す

Chapter5

メンターに選ばれる人が、次世代のインフルエンサーになる

Chapter6

本を書こう。その夢をあきらめる必要など、まったくない

Contents

Last Chapter

あなたがブランドになる日

Chapter
1

なぜ、いま「影響力」なのか?

Influence

「個の時代」の幕開け

先日、知り合いからこんな話を聞きました。

現在就職活動中の学生1000人を対象に、

「もし希望の職場に就職が決まったら、一生その会社で勤める気持ちはありますか?」

というリサーチをしたところ、なんと結果は90%の学生が「NO」と答えたそうです。これは10人中9人がその会社に入る前から、すでに退職を考えているということになります。

さすがにこの数字には驚きました。さらに、その答えでもとりわけ特徴的だったのが、「転職」ではなく「個人起業」を目指す若者が圧倒的に以前より増えたということでした。

そしてもう1つ、最近ニュースになったことなのですが、ビジネスにおける個人のスキルアップを対象とする「自己啓発」の市場規模が9000億円を突破し、これを国民一人あたりに換算すると、年間で約7000円の支出計算になるといいます。これはおよそ30年前の平成元年の3000億円という数字から考えると、約3倍の規模に膨らんでいます。

この背景には、バブル崩壊後の景気低迷や終身雇用の不安定化による危機感が生み出す、未来への備えがあるでしょう。最近は、副業を許可する一般企業もかなり増加し、週末起業ブームもその伸びはとどまることを知りません。

これに加えて、女性の社会進出や、人口爆発世代である団塊ジュニア生まれの主婦たちの子育てが一段落するタイミングであるということもあるでしょう。自分の見つめ直し、つまり子どもも手離れして、「私の人生、ここからどうしよう」と考える女性たちが増えてきたということです。

こうした人たちの自己実現の場としても、「自分のスキルアップ」や「生きがい創造」である自己啓発の市場がどんどん膨らんできているのです。 SNSなどでも、自己啓発の市場をマーケットとしたセミナー告知を目にしない日はありません。

そして、その価値観の変化にともない、ブログやフェイスブック、インスタグラムなどのSNSの進化による個人の発信ツールが発達したことによって、さらに拍車がかかり、発信というものが、一部の権力者やマスメディアだけでなく、普通に生きている私たち個人も手にすることができるようになったのです。

一人ひとりが自分の個性を発揮する新時代、つまり「個の時代」が幕を開けたのです。

肩書きではなく、あなた自身が問われるときがきた

現在、SNSやユーチューブなどの分野で、年収で億単位を稼ぐサラリーマンや主婦のカリスマがどんどん生まれてきています。

これこそまさに「個の時代」が始まったことの明確な証拠です。

それと同時に、この現象はそれぞれの立場の存在意義が変わってきたことを意味しています。

たとえば、経営者にとってスタッフの位置付けは、「一生ともに歩くもの」という存在から、「最初から転職や独立を考えていて、いついなくなるかわからない」という存在へ。

会社にとって、従業員は「会社がしっかりと給料を保証し、守っていくべき」という存在から、「副業を許可し、給料の補塡を個人でしてもらう」という存在へ。

ご主人にとっての奥さんは「家にずっといて家事をやる」という存在から、「自分のやりがいのために外に出ていく」という存在へ。

こうして会社や家庭という、「全体で力を合わせて創造していくもの」が大きく形を変え、「個人の自己実現の場」になったのです。

このように、20世紀には当たり前とされていた価値観が大きく変わってきました。

おそらくこの流れは一時的なものではなく、しばらく止まることはないでしょう。ということは、この流れを理解できない経営者や上司、旦那さんは頭を抱えることになってしまいます。

同時に人が相手を測る基準も大きく変わりました。

「個の時代」がやってきたことによって、名刺や会社の肩書きが以前より大きく力を失ってきたのです。こうした個の時代に必要になってくるもの、それは会社名ではなく、「あなた自身」がどんな人なのか、ということになり、生き方や考え方、それこそが名刺に代わるものになったということです。

つまり「あなた自身」が問われる時代になったのです。

ここで必要になってくるもの、それこそが「影響力」であり、それを生み出す「パーソナルブランディング能力」になったのです。

これはやる気を持った個人にとっては千載一遇のチャンスです。

学歴がなくとも、会社の力が強くなくとも、あなた自身が魅力的になりさえすれば、あなたの人生はチャンスや人に大きく恵まれるものになるということです。

いまから本格的に始まる第3の生き方

影響力を持ったインフルエンサー。たとえば「木村拓哉さん」が弁当屋で働いていたら、その店の前にはファンたちの大行列ができるでしょう。「福山雅治さん」が着た1000円のTシャツをオークションに出したら、100万円で買うファンもいるかもしれません。「浜崎あゆみさん」が使っている携帯カバーをファンの人が手にしたら、その人は家宝にするでしょう。

この「○○さん」という名前が持つ情報量や魅力、それがブランドであり影響力なのです。もちろんこの3人は日本を代表するスターですが、大きくいえば、あなたの名前がこの「○○さん」に当てはまる、そんな世の中になったというとご理解いただけるでしょうか。

あなたが言うから人が信じる。

「あなたから買いたい」とお客さまがやってくる。

「あなたみたいになりたい」と憧れられる。

「あなたから学びたい」と生徒さんが遠くからでもやってくる。

会社を立ち上げてその会社を大きくしていく経営者という生き方。その会社に所属して、会社の発展のために尽力するサラリーマンやOLという生き方。そしていまから始まる個の時代に新しく、そして大きく始まっていく第3の生き方。

それが、あなた自身を売るパーソナルビジネスという個人産業なのです。

そう考えると、影響力は魅力と言い換えることもできます。

しかしこう言うと「魅力か。私にはないかも……」と思ってしまう人がときどきいますが、ここは断言します。


あなたの中には素晴らしい魅力が眠っています。そもそも、この世の中に魅力のない人はいません。しっかりと自分の魅力を掘り下げる機会や、それを掘り出すノウハウに出会ったことがないため、いまの時点で見えていないだけです。


あなたオリジナルの魅力、これはのちほど説明する「強み発見」の項目をしっかりと読んでいただけると、必ず見つかります。

個の時代が来たということは、誰もが自分自身の魅力を表現しないと、その他大勢として埋もれてしまうということにもなります。

逆に自分の魅力や強みを表現できるようになれば、あなたには影響力が備わり、必然的にあなたの人生は大きく開けていくものとなります。

あなたの影響力を高める5つの要素

ここで、私がクライアントさんや塾生たちに教えている影響力の定義をお伝えします。

影響力＝メリット×権威×実績×憧れ×好感度

です。では1つずつ説明していきましょう。

① メリット

どんな人もなんらかのメリットを常に求めています。それはお坊さんでも学校の先生でも、どんな人格者でも、です。それが自分自身にとってメリットがあるかどうかで人は動きます。

たとえば、どれだけ有名なお医者さんがテレビに出ていても、純健康体の人にとってはまったくと言っていいほど影響力がありません。それはその人が、そのお医者さんの話を聞くことにメリットを感じていないからです。とにかく人は何よりも自分にとってのメリットを求めます。まずは「自分にとって得になるかどうか」が影響力の第一番目の鍵になります。

②権威

あなたが風邪をひいて病院や薬局に行ったとします。そのとき対応してくれた人が、なんの資格も持っていない一般人だったら、あなたはどう感じるでしょうか。

「おいおい、大丈夫かよ」、もしくは「ふざけるな」と怒ってしまうかもしれません。不思議なもので、医者や薬剤師など、一般的に権威とされる人が処方してくれて、「うん、大丈夫」と言葉をくれるだけで、人は安心します。プラシーボ効果という実験があります。名医といわれる医者が、「これで絶対に良くなるよ」と言って渡した薬が、単なる小麦粉を固めたものだったとしても、平均して3割の人たちが「効果があった」と答えるというものです。それくらい権威の言うことに対して、人は影響を受ける生き物です。「誰が言うか」によって、結果に大きな違いが出るのです。影響力の2つめは「権威」です。

③ 実績

これは、その人がこれまでに積み重ねてきた経験や結果のことです。

たとえば「何人の人に効果があったのか?」「その人がこれまでにどんなことで結果を出してきたのか?」をしっかりと表現できれば、それはその人にものを頼むことにおいての大きな根拠になり、頼む側の安心感となります。その分野において、「その仕事にどれだけ長く従事してきたのか?」という年数も1つの実績と数えていいでしょう。

④ 憧れ

「あの人みたいになりたい」という憧れも大きな影響力になります。

人は誰しも憧れに近づきたいという本能を持っています。その人の生き方や外見、もしくはライフスタイルや価値観が自分の憧れと合致するものであったとき、私たちはその人の言うことを純粋に信じがちになります。どれだけ立派な人が真理を説いたとしても耳を貸さなかった人が、憧れの人に同じことを言われただけで、まるで初めて聞いたかのような衝撃を受け、そのように行動するのは、憧れの人が持つ影響力のゆえんなのです。

⑤ 好感度

人は感情の生き物です。建前ではいろいろあったとしても、本音で言うと「好きか嫌いか」で動きます。影響力の最後の要素は、「その人に好感が持てるかどうか」で決まります。

これは最後に回しましたが、じつはものすごく重要なことです。どんなに「メリット」を与え、「権威」であっても、この好感度の部分で相手の感情がマイナスになってしまうと、影響力は完成しません。この好き嫌いは、まずは外見、雰囲気といった見た目から始まり、次にその人の考え方や表現によって大きく左右されていきます。とくに外見的なものに関しては、じっと見て観察するというより、一瞬で人は判断します。この好感度を高めることも、影響力を手にする中で大きな要素であるということを、しっかりと覚えておきましょう。

影響力＝メリット×権威×実績×憧れ×好感度

この公式をご理解いただけましたでしょうか？
このかけ算があなたの影響力になります。この中でメモリの低いものを強化したり、もしくはメモリの高いものをさらに伸ばしていくことで、影響力は増していくのです。

権威や実績よりも、メリットが先

この中で権威や実績よりも先に、メリットを挙げたのには意味があります。それは、**人が一番欲しがるもの。そのトップの要素が「メリット」に他ならないからです。**

「え？　メリットが権威や実績よりも先なの？」と疑問に思われるかもしれませんので、あなた自身に照らし合わせて少し考えてみましょう。

たとえば英語を覚えたいとします。しかし、あなたは英語が大の苦手。できればなるべく簡単に英会話を身につけたいと思っています。そんなとき、スマホの画面に2つの英会話スクールの広告ページが目に入ってきました。

1つめに「超一流の英会話講師が教えるスクールです」というキーワードが入っていたとしましょう。これに対して、2つめの広告には、「どんな英語の素人でも大丈夫！　日本一簡単に英会話を身につけることができるスクールです」と書かれていたとします。

どっちに反応するでしょうか？　これは多少人によって異なるかもしれませんが、多くの人が反応するのは、後者です。それはなぜか？　メリットが初めに表現されているからです。

先ほどの影響力の公式の順番でいうと、こうなります。

最初に目に入るのが、「どんな素人でも大丈夫」「日本一簡単に」というメリット。

そして次に並ぶのが「超一流」という権威。

そして3つめに「ここで学んだ生徒たちはこうなっています」という実績。

4つめに「想像してみてください。あなたがこうなった姿を」という未来への憧れ。

そして最後に来るのが「その塾の広告に親しみを感じるかどうか」という好感度という順番になります。

もちろん、この5つがすべてバランスよく高い基準で整っていれば申し分ありませんが、いきなりそれは難しいことです。

まずはどこを真剣に考えて、そして打ち出して行くことが大切なのかというと、とにかく、

相手が手に入れることができるメリット

なのです。

大切なところなので繰り返しますが、人が一番求めていることは、自分にとって利があるかどうかです。あなたは何を相手に渡すことができるのか？　そこを真剣に追求していくことが何より大切なのです。

まずはメリットが第一。ここをしっかりと覚えておきましょう。

影響力という武器

2001年春、26歳のとき、私は大分県中津市という地元のスーパーで、3坪のたこ焼き屋を開店し、経営者としてのビジネス人生をスタートさせました。夢を持って始めたものの、理想通りにはいかず、開店から2ヵ月も経たずにスタッフたちの給料を払うために行商せざるを得ない状況になってしまいました。

オープンキッチンで、威勢のいい若者たちが元気にたこ焼きを焼く全行程をお客さまに見せながら販売するという手法で、大行列ができ、売上は確保できたものの、スタッフたちへの満足なケアができず、彼らのモチベーションは下がっていくばかり。

2年ほどその生活を続けましたが、これでは先が見えないと方向転換し、中津に戻って2階建て100席のダイニングである「陽なた家本店」を開店。運よくたくさんのお客さまが来てくれはしたものの、それはそれでスタッフたちの不満につながっていきました。

「どうすればみんながもっと笑顔で働いてくれるんだろう？　給料かな？　休みかな？」と考えてみましたが、かつての私にそんな裕福な経営体力はなく、スタッフたちに毎日、未来への夢を語りながら、なんとかモチベーションをキープさせていました。山あり谷ありでしたが、皆のがんばりのおかげで、事業はダイニングだけではなく、ウェディングまで発展。

ちょうどそのウェディング事業が本格的に始まろうとしていた２００５年、私は日本一の大商人と言われる終生の師匠に出会う幸運に恵まれました。出会ってすぐに師匠から言われた言葉、それが私の運命を大きく変えてくれました。

「永松くん、スタッフたちが言うことを聞かないのはね、君に魅力がないからだよ」

このことには薄々気がついてはいたものの、実際に言葉にされると、その威力は当時の自信のない私にとって、とても大きな衝撃でした。

「師匠、どうすればいいんでしょうか？」

私の切羽詰まったその質問に、師匠はこう答えました。

「君が影響力を高めることだよ。それが一番早い」

「影響力ですか。どうすればそれは高まっていくんでしょうか?」

ちょっと間を置いて、師匠はこう言いました。

「それは人によって形が違うから俺にもわからない。でもね、どんな形であれ、いまからは『個の時代』がやってくるよ」

「個の時代……ですか」

「そう。つまりね、君はいま陽なた家のオーナーなんだけど、そういった肩書きをすべて取り払ったときに、『永松茂久さんて、どんな人なんですか?』と問われる時代になるってことだよ。この時代が必ず始まるから、経営者としてだけじゃなくて、たとえ会社が潰れたとしても、君一人だけでも食っていける武器を持たなきゃいけなくなってくるよ」

コリ固まった常識を外せば、道は拓ける

最初にこの言葉をいただいたとき、「個の時代」の意味がよくわかりませんでしたが、当時の私は、とにかく「自分一人でも生きていける何か」を探し続けながら、毎日現場で走り回っていました。

そんなある日のウェディング。参列していた新婦さんの叔父に当たる方が、ウェディングの後、私のところに来て、「面白い商売をしてるね。君、本を書かないか？」と勧めてくれたことをきっかけに、「陽なた家オーナー」としてだけではなく、「永松茂久」としての活動が始まったのです。

そして、この新しいビジネスが生まれたときを契機に、スタッフたちとの関係も変化していきました。出版や講演の実績を積み重ねていくにつれ、彼らの自覚が徐々に芽生え、「大将に恥をかかせないように、しっかりと自分たちが現場を守るんだ！」と言ってくれるようになりました。

ほんの少しですが、世の中に価値を届けることができるようになり、その相乗効果でスタッフたちへの私の影響力や発言力も増していったのだと思います。

いま思えば、十数年前に師匠が教えてくれた「個の時代」というキーワードが、ここに来て本格的に始まったことを考えると、その先見の明にいまでも鳥肌が立ちそうになります。
師匠はよく、こんなことを僕に言ってくれました。

「いまからの世の中はね、会社というものの力がどんどんなくなっていくよ。かつて隆盛を誇った大企業なんかは、その大きさゆえに機動力を失っていくから、どんどん分社化していくだろうし、リストラも激しくなっていくはず。働くという軸が企業から個人に変わっていくから、活躍できる人も個をはっきりと持っている人が重宝されるようになるよ。そう考えたらいい時代じゃないか。有名な大企業の経営者より、影響力を持った個人たちがどんどん出てくるんだ。会社の規模では勝てなくても、個人なら勝てるなんて、どう考えても、いい時代が来ることになるね」

当時の私にはあまりにもスケールの大きな話だったので、そのときはあまりピンときてはいませんでしたが、師匠が教えてくれた「個の時代」というキーワードのおかげで、飲食店経営者としての人生の傍らで、個人の活動を同時に始めることができ、いま、こうして人財育成という新しい仕事ができていることは、まぎれもない事実です。

よくよく考えてみると、スタッフやお客さまを豊かにするなら、何もそれは飲食店だけでなくてもできます。そのことに気づけたのも、師匠の「飲食店だけでなく、君の名前で勝負できる武器を身につけなさい」という教えが一番の大きな要因です。

「人生は誰と出会うかで大きく変わる」

いまさらながらに、この言葉を深く実感します。

先が見えない社長たちへ、もう少し目線を変えてみませんか?

社長業。それは人生をかけて、大きなロマンと、その裏にある危険を迎え撃つ覚悟を胸に未来を切り開くチャレンジャー業。

こう表現すると、とてもかっこいい職種ですが、経済が右肩下がりで先行き不透明のいまの時代、社長にかかるプレッシャーは、景気が上り坂だった20世紀後半の比ではありません。

事業の規模が大きくなれば、投資の借金返済やスタッフへの支払い義務は大きくなる。しかもスタッフも心を持った生き物。いつ辞めるかわからない。前述のように、いまの若者の9割は最初から永久就職など考えていない。まさに社長にとってはサバイバルの時代です。

その点だけにフォーカスすると、「社長って大変だな」とため息をつきそうになってしまうかもしれませんが、少し目線を変えるだけで、世の中の社長は大チャンスの時代が来ていることに気づくことができると私は考えています。

ここで、現在社長をされている方に向けて1つの提案をさせていただきます。

「会社を成長させ、スタッフや取引先の業者を幸せにすることが社長の使命」

これはよく言われる一般論です。

では成長とは？ 規模を拡大することだけが成長なのでしょうか？ 店舗を増やすことだけが成長なのでしょうか？ 私はそうは思いません。逆にいまからの時代は「経営の軽量化」、つまり会社が抱える固定費をいかに下げていくかが大切だと思います。

ではどうするのか？ その質問にお答えする前に、逆に質問します。

社長が持っている一番大きな個人資産は何でしょうか？
考えてみてください。では答えを言います。

それは「経営経験から得たノウハウ」です。

私はいまからは、無理やり事業規模を大きくしていく生き方より、実業の経営者がそれまでの経験を活かし、経営に困っている人や次世代の育成に携わるコーチやコンサル業、そして著者業に進出する時代がいよいよやってきたと思っています。

実際に私がコンサルをしている経営者でその分野に進出し、大成功を収めている方は少なくありません。もともとが人やお金を動かさないと絶対にうまくいかない実業の分野からのスタートなので、一旦コツをつかめば、そのインフラ整備やビジネス化をどんどん進めていけるのです。

しかし、ここで社長たちをその分野に進ませないようにする壁があります。

それは「経営者は実業以外に手を出すものではない」という世間一般の固定観念と、「自分はそんな器じゃない」という、自分自身の照れです。

「やり方がわからなくて困っている人を見捨てるんですか？　自分さえうまくいけば、それでいいんですか？」

謙虚な気持ちはすばらしいことを前提でこう質問すると、多くの社長たちはハッとします。事業を成功させてゴルフや娯楽をする。これは成功者の特権でしょう。しかし、それだけではなく、せっかく苦労して築きあげた社長自身のノウハウという、大きな宝を持ち腐れにして世の中の役に立てないのは、もったいないと言わざるをえません。

「社長、あなたのノウハウを世の中の役に立ててみませんか？」

私がこうお伝えするのは、私の師匠や尊敬する社長が、自分の事業だけでなく、次世代の育成の分野で大成功している人ばかりだったからかもしれません。そして私がいまも飲食店だけでなく、こうして出版したり、講演やコーチング、コンサルティングの事業をつくり上げることができたのも、この先輩経営者の背中を見て育つことができたからです。

実業の経験から生まれたノウハウを体系化して、次を育てる。これも立派なビジネスであり、社会貢献です。

パーソナルブランディング時代、いまからは実業家コンサルタントの時代がやって来ます。

お金を投資して事業規模を広げるのではなく、お金をかけずに知的財産を広げながら経営の資金流動力をあげていく。これもいまから本格的に始まる「個の時代」における賢い生き方なのではないでしょうか？

影響力を持った「スーパーサラリーマン」という選択肢

ここまで読んでいただいて「よし、自分も起業しよう」と思われた方もいらっしゃるかもしれません。しかし、ここであえてお伝えしたいことがあります。

それは、

影響力を持つための手段は、独立起業だけがすべてではない

ということです。

社長になる。独立する。インフルエンサーになる方法は、これだけではありません。

見落としがちなのですが、企業に在籍したまま影響力を存分に発揮するスーパーサラリーマンになるという方法も、じつは存在するのです。

得てしてインフルエンサーというと、起業して有名になった人にスポットが当たりがちですが、じつは企業の中にも、インフルエンサーは多く存在します。

たとえば会社の創業時から社長とともに会社を支え大きくしてきた経営幹部の人たち。こういう人は社長のできない裏方やフォローまで全部を仕切っている陰の立役者です。実際に現場で実務に集中して携わってきているぶん、かえって社長よりも現場での実績や人脈を持っていることが少なくありません。

ひとつのバロメーターとして、こう考えてみるとどうでしょう。

普通の人は、「○○会社の田中さん」と表現されることが一般的です。しかし、個の影響力のほうが大きいインフルエンサーになると、この「○○会社の田中さん」という呼び方が、「田中さんのいる○○会社」と、自然と人から言い換えられるようになります。

私は出版の仕事をしているので、編集者とのお付き合いが多いのですが、この業界でも同じことが言えます。圧倒的な影響力を持った編集者になると、出版社名より、その人の名前のほうが前にくることが多いのです。

「えっと、なんだっけ？　あの田中編集長のいる出版社の名前……」

こんなふうに、サラリーマンであっても、会社の枠をその人の影響力が上回ってしまったときは、その人の存在が圧倒的なカリスマ性を生み出すこともしばしばあります。

ですから影響力という点で見たときに、起業しているとか、サラリーマンであるということは、受け取る側にとっては大した重要ポイントにはなりません。

やはりここでも大切なのは、その人個人が持った影響力のレベルなのです。

人によって得意分野が異なります。起業してうまくいく人、サラリーマンで出世してトップまで上り詰める人、人の成功はさまざまです。

もし、あなたがいまサラリーマンという立場にいるならば、独立起業という選択肢だけではないことを覚えておいてください。「あの人がこの会社の立役者だよ」と、名実ともに人が認めてくれるようになったとき、あなたは大きな影響力を手にしたことになるのです。

自分のスキルを磨き、その会社にとって、なくてはならないインフルエンサーになる。その方法も立派な影響力獲得の方法であるということをしっかりと覚えておいてください。

これからさらに必要になる「メンター業」という仕事

メンター。いまから本格的に始まる「個の時代」。ここからはこのメンターという仕事の地位が大きく上がっていくと私は思っています。

まだこの言葉を詳しく知らない方もいらっしゃいますので、説明したいと思います。

メンターとは一番わかりやすく表現すると、ニュアンス的には「先生」という言葉が一番はまります。よくこんな質問をいただきます。

「メンターって、リーダーとどう違うのですか？」

メンターとリーダー。この2つの存在は、似てはいますが大きく違います。

わかりやすく例えると、リーダーとは同じ組織や会社、もしくはチームの中でゴールに向けて旗を振って仲間を引っ張っていく人のことです。

これに対してメンターとは、必ずしもその組織や会社、チームに所属しているわけではなく、外から見ている立場の人であるケースもあります。いわば監督のような存在と思っていただけるとわかりやすいと思います。

・リーダー＝キャプテン
・メンター＝監督

「こんな自分になりたいな」というはっきりとしたゴールがあったとしても、やはりそのゴールへの道しるべとなってくれるナビゲーターや指導者の存在は必要です。

もちろん自力でそこに行き着ける人もいるかもしれませんが、やはりそのゴールへの道を教えてくれる存在がいると、その時間は大きく短縮されます。

ナビゲーター搭載の車と、ナビゲーターのない車、この2つでどちらが早く目的地に着くかを想像していただければ、その結果の違いはすぐにわかると思います。

このナビゲーターの存在がメンターなのです。

ではここで「メンター業」に該当する主な仕事を挙げてみたいと思います。

- **メンタルコーチ**
- **心理カウンセラー**
- **ビジネス関連のコンサルタント**
- **各種セラピスト**
- **セミナー講師**
- **講演活動家**
- **各種トレーナー業**

・ビジネスの専門分野を教える講師
・ビジネス書や自己啓発書の著者……など。

このように大きくまとめると、メンター業とは「先生」と呼ばれる人たちのことです。

いま、個人起業でこの分野を志す人たちがどんどん増えています。そしてこのメンター業は、仕事の性質上、経営者、サラリーマンやOL、主婦など、立場を問わずたくさんの人がチャレンジできる副業の花形になっていくでしょう。

いまはまだメジャーな業界と言えるところまではきていませんが、この業界はこれからどんどん大きくなっていくことは明確です。

この本では、今後主にメンター業を志す人に向けて書いていきたいと思いますので、このメンター業という言葉をしっかりと覚えておいてください。

さて、では次の章からは、あなたがどういうふうに影響力をつけていくのか、具体的方法をお伝えしていきたいと思います。

Chapter
2
まずは自分を明確化する

Who are you?

「抽象的視点」と「具体的視点」

さて、この章からは、「どうすれば影響力を持つことができるのか？」について具体的にお伝えしていきたいと思います。

まず質問です。あなたのゴールはなんですか？

「ゴール？　そりゃわかってるでしょ。影響力を持ったインフルエンサーになることですよ」

あなたはそう答えると思います。それはもちろんその通り。ここまで読んでいただいて、あなたの中にそのゴール設定に対するマインドはできたと思います。実際にここまでの答えを出す人は数多くいます。しかし、これではゴールというものはまだ漠然としています。

ここで、まず覚えておくと役に立つ2つの概念を紹介します。

それは「抽象的」と「具体的」という言葉についてです。

イメージしてください。

あなたはいま地上にいます。たとえばあなたに翼が生えたとします。だんだん空高く昇っていくイメージをしてください。するとどうでしょう。地上にいたときに見えなかった全体像、地形、いろんなものが見えてきます。もっともっと高く上がると、やがて先ほどまで立っていたところは視界から消え、住んでいる街の全体像が見えてくるはずです。

これは「全体を大きく見る」ということになります。

さて、その景色を上から見たあなたは、今度はゆっくりと地上に向け降下していきます。すると、だんだん街が見えはじめ、いつも通っている道路が見え、現在地に降りると、いつもと変わらぬ景色が見えてきます。道ゆく人の顔や着ている服がはっきりと見えるはずです。

これは「細部を見る」ということになります。

この場合、空から見た景色が「抽象的」、そして地上で見る景色が「具体的」という表現になります。

抽象的に見ると、細かいことは説明不要になります。というか、できないのです。なぜなら細部が見えないからです。逆に地上での細部まで見える景色、それが具体的ということになります。これは言い換えると「わかりやすさ」とも言えます。

ゴールを設定するとき、そして自分自身をはっきり理解しなければいけないとき、そして人に伝えるときには、この「具体的」で「わかりやすい」ものが必要になります。自分の具体性が明確になった人は、それだけで影響力を発揮し始めます。

自分の仕事を具体的な言葉にする

あなたが自分の仕事を「人を幸せにすること」と表現したとしましょう。この「幸せ」という言葉は、抽象的の代表作のような言葉です。人はそのとき、単純にこう質問してきます。

「人を幸せにするって、どんな仕事なんですか?」

それは言い換えると、

「あなたの仕事は抽象的すぎて理解できないので、もうちょっと細かく砕いて説明していただいていいですか？」

と言っているのと同じなのです。

ビジネスを成功させるためにはお客さまはもちろんのこと、多くの協力者が必要になります。しかし、ここが抽象的すぎると、お客さまも協力者たちも、何をどう協力すればいいのかわかりません。自分は何屋さんなのか、ここを細かく砕いて表現する作業をやらなければ、人に伝わらないのです。

これから何度も説明しますので、この原則をしっかりと覚えておいてください。

人はわかりやすいものにしか反応しない。

「人を幸せにしたい」というあなたの思いは素晴らしいものです。誰もがそう共感するでしょう。しかし、ただそれだけでは人に伝わりません。幸せをもっともっと具体的に表現する作業が必要になります。そしてこの具体化は、あなた自身をブランディングしていくためのファーストステップになるのです。

たとえばコンサルティング業を例に、抽象的と具体的の違いを示してみます。

人を幸せにすること（**抽象的**）

←

大切なお客さまの望む姿を叶えること（**ちょっと具体的**）

←

コンサルティング事業を通して、現在抱えている問題を解決に導くことにより、そのお客さまが時間的にも精神的にも経済的にも恵まれ、大切な人たちと仲良く穏やかに毎日を過ごしていけるようサポートをしていくこと（**具体的**）

このように、どんどん具体的にしていくのです。

影響力は人に伝えることから始まります。あなたがどんな人で、出会う人や関係する人にどんなメリットを渡すことができるのかをはっきりさせることにより、相手の中に成功のイメージがふくらみ、「あなたから買いたい」「あなたのそばで学びたい」という状態になるのです。

1章でお伝えしましたが、影響力をつくる上でメリットは大きな要素です。そこを明確化させてスムーズに人に伝えるようにするためにも、はっきりとした表現が必要になります。

ここが具体的になったとき、人も、そしてあなた自身も、「まずは何をやるべきか？」がはっきりと見え、そして具体的に行動に落としやすくなるのです。

抽象度を下げて具体化していく。これがあなた自身のブランディングに必要な作業になっていくことを、まずはしっかりと覚えてください。

あなたの強みは何ですか？

いままで、いろいろな会社や個人経営者たちのブランディングに関する仕事を通して、私は

「強み発見コンサルティング」をしてきました。その中で気づいたことがあります。それは、ほとんどの人たちが、「自分の強みを理解していない、もしくは気づいていない」ということです。

これには3つの理由があります。

1つめは、この「強みを発見する」ことの大切さに気がついていないこと。

2つめは、「人は誰しも、自分のことを客観的に見るのは難しい」ということ。

3つめは、「自分ができることは当たり前になってしまいすぎているから、人も簡単にできるだろうと思い込んでしまい、その結果、それが自分の強みだと気づかない」ということです。

ということは、この3つさえ満たしてしまえば、あなたは自分の強みに気づき、それをどんどん世の中に発信していくことができるということになります。

では1つずつ、この問題を解決していきましょう。

① 強みを発見するとどうなるのか？

強みとは、あなたのオリジナル性を高めていくものです。ここをしっかりと理解することができないと、あなたの存在はどこにでもいる代替えがきくものになってしまいます。するとその他大勢に埋もれてしまい、せっかくのあなたの能力を発揮しにくくなってしまいます。

たとえどんなにゾーンが狭かったとしても、「私はこの分野が得意です」という強みを見つけ、はっきりと明確にすることにより、あなたの存在がキラッと輝き、エッジが効いてくるようになります。

いまはネット社会。世の中の人がみな、自分の求めるものを探しています。どれだけそれが一般に広く受け入れられるものでなかったとしても、探している人の数も膨大に増えているのです。ですからあなたが自分の強みを極め、そこを突き詰めていくことで、あなたは必ず人から見つけられ、その人たちに大きな影響を及ぼす存在になります。

そのためにも、あなた自身の明確な「強み」を発見することが大切なのです。

② 自分を客観的に見るにはどうしたらいいのか？

「自分はこれが得意なんだ」と思っていても、それが必ずしも正解であるとは限りません。自分のことが一番見えないのも、じつは自分自身なのです。

あなたは自分の顔を見るとき、何を使いますか？　答えは簡単。鏡です。これと同様にあなたのことを映し出してくれる存在が必要になります。それは周りの人です。

周りから見て、あなたがどう映っているのか、あなた自身の長所は何なのかをしっかりと客観的に見て教えてくれるのは、あなたの周りの人たちなのです。

「私の強みってどこですか？」と聞いてみることは、あなたにとって大きな気づきになります。あなた自身が気付いていない強みに気づくことが多々あるでしょう。もしあなたの周りの人に聞いても見つからないのであれば、近くにいるメンターや専門のコンサルタントの中で、具体的な方法をしっかりと持っている人に相談するのも有効な方法になるでしょう。

③「人からびっくりされて、あなたがびっくりしたこと」の中に強みがある

あなたの長所が、「何事も継続してコツコツ続けること」だったとしましょう。

そして、そのことであなたが誰かからびっくりされた経験があれば、あなたは大きな影響力を持つことができます。

「何をやっても続かない。どうすれば継続できるんだろうか？」と悩んでいる人はこの世の中にごまんといます。あなたにとっては普通のことで大して気に留めていなかったとしても、そ

れができずに悩んでいる人はたくさんいます。他人にリサーチしてみると、あなたはその数の多さに驚くでしょう。その人たちは、逆になぜあなたがそんなに簡単に継続することができるのかを不思議に思います。そこにあなたが輝くチャンスが眠っているのです。

その解決策を明確に定義し、そしてそれを誰もが使えるノウハウに落とし込んでいけば、あなたは引っ張りだこになります。多くの人が、自分が普通にやっていることは、誰でもできる当たり前のことだと思い込んでしまう傾向にあるので、せっかくのチャンスを見過ごしてしまっているのです。あなたが普段簡単にやっていて、人からびっくりされたことを一度棚卸ししてみることをお勧めします。

「過去ログ」で自分の棚卸しをしよう

私がメインクライアントによくやっているワークがあります。それは「過去ログ」というワークです。やることは簡単。

過去の時系列に沿って、その人の記憶のあるところから、起こったことをインタビューして、まとめていくというものです。なかなか思い出せないという人には、過去のアルバムやいろんな資料を準備してもらって、そのときのことを赤裸々に話してもらいます。

不思議なものでそのときの話をじっくり聞いていると、そこに関連することを芋づる式に思い出してきて、思いもよらない記憶が蘇ってくることが多々あります。

もちろん秘密厳守ですから、その内容は守りますが、それでも不安になる方がいると思いますので、私はその内容をすべてクライアントさんに渡し、私のパソコンのデータはその方の前ですべて消去することにしています。その瞬間だけ、私がその方の鏡になるのです。

さきほども書きましたが、自分のことはなかなか見えにくいものです。私自身も同じです。ですから私もこの過去ログは、仲間である講演家育成のプロの方にお願いしました。その方に自分がまとめた過去ログを渡し、その資料をもとに、自分の人生を語って整理していただくという作業です。

私も仕事で講演をすることが多いのですが、始めたばかりの頃は、聞く人にとってまったく面白くないエピソードに無駄な時間を使ってしまい、後悔することが多かったものです。

しかし、その方に過去ログワークをしていただくと、私自身がさらっと流していた過去の話の部分を、どんどん掘り下げてくれ、講演の台本にしてくれました。

正直、そのとき私は、「こんな話でいいのかな?」と疑心暗鬼にかられました。

自分が「ここは面白い」と思っていた部分を8割消され、スルーしていた話が大部分になってしまったのです。

しかし意外にもその台本が大受けし、そこから講演活動がどんどん広がっていきました。

やはり、こうした客観的な強みの発見は、少々お金がかかったとしても、その道のプロの方にお願いするのが一番の早道だと思います。本当に強みが見つかれば、その投資はすぐに回収できますから。

自分の強みは何なのか、自分が思っている強みは本当に強みなのだろうか、自分の強みは人が本当に必要としているものなのか……まずは自分の過去を棚卸しして、客観的に知ることをぜひお勧めします。

失敗した過去が、あなたの武器になる

「幼い頃から神童と呼ばれ、一流大学を首席で卒業し、つくった会社の業績は右肩上がりで、プライベートも充実。そんな私が成功の方法を教えます」

こんな話、あなたは聞きたいですか？　少なくとも私は聞きたくはありません。すごいとは思いますが、面白くはなさそうです。私も仕事を通して、講演の台本づくりのコンサルをしているので、はっきりと言えますが、こんな話では眠る人が続出します。

人はまったく波のない、単なる自慢話にも似た成功談を聞きたいのではありません。それよりも、人は「うまくいっていない、いまの自分が、どうすれば人生をV字回復させることができるのか？」を知りたいのです。

そもそもすべてがうまくいっている人は、他人の話は聞きません。どこかにうまくいってい

ない部分があり、そこをよくしたいから話を聞くのです。

この本を通して、私は「メリット」という部分を強調してきましたが、「聞いていて楽しい」も大きなメリットの1つに入ります。この「楽しさ」は主にストーリーの中に宿ります。

苦しかった過去をどう乗り越えてきたのか？ そして聞く人がどうすれば乗り越えることができるのか？ そのコツを聞きたいのです。

あなたにも辛い過去はあったでしょう。過去ログを整理していくと、辛かった経験、悲しかった経験、そしてそのときに生まれたコンプレックスをどう乗り越えてきたのか、そのエピソードが必ず見えてきます。ともすると、それは人に語りたくはないものかもしれません。笑われることもあるかもしれません。しかし、そこにあなたの影響力の鍵があります。

あなた自身の魅力を上げるために大切なワークを紹介します。

それは「笑える失敗話をストックする」ということです。

人の失敗を笑う人からは人が離れていきますが、自分の失敗を笑い話にできる人には、人は大きな器と愛を感じ、どんどんその人に引き寄せられていきます。

過去、その瞬間は、あなたは顔から火が出るほど恥ずかしかった思いをしたかもしれません。

逃げ出したくなったかもしれません。しかし、そこを乗り越え、それを笑いに変えることができるようになったとき、あなたのその経験が光に変わるのです。

過去の経験を嫌なもののままにしておくのはもったいないことです。どうせならその経験を人に勇気を与えるものに変えるほうが、あなたの人生は豊かなものになると思いませんか？

少し目線を変えれば、あなたはすぐにオンリーワンになる

ブランディングとは、言い換えると「ポジショニング」とも言えます。

いろんな仕事で競合がひしめく中、どのポジショニングを取りに行くかということが、インフルエンサーを志すあなたにとって大きな課題になってきます。

「日本で唯一」というポジションを取れれば、あなたは自動的にオンリーワンの存在になります。当然ですよね。日本に一人しかいないのですから。

さて、ここからは事例をふまえて、このポジショニングの説明をしていきましょう。

「読書のすすめ」という本屋さんを、あなたはご存じでしょうか？

東京の端っこにある江戸川の近くに、篠崎という下町があります。この一見普通の街にその「読書のすすめ」があります。ここの店長の清水克衛さんは、私の出版のきっかけをつくってくださった大恩人。このことはのちの章でお話しさせていただきますが、この清水さんこそ、ちょっと目線を変えて、オンリーワンのポジションを取った人の典型例です。

この清水店長、業態をまとめれば一見普通の本屋さんですが、数多い日本の書店の店長の中で、唯一「本のソムリエ」という称号を持った人。清水店長の本の売り方は独特です。まずお客さまに声をかけ、「何に悩んでいるのか」を聞き出します。そしてその人にとっていま読むべき一番必要な本を差し出すのです。清水店長はいつもこう言います。


「人ってね、みんな本を選ぶ癖を持ってるんだよ。どうしても偏っちゃうんだよな。でもね、たいがいにおいて自分の読みたい本ってのは、自分の学びになる本より、自分を安心させたい

本が多いんだよ。でもそれじゃあ自分の範疇《はんちゅう》から出ないことしか書いてないから成長がないだろ。知らないことを知ってこそ人は成長するんだ。ときにはそれが耳が痛いことや、何度も読み込まないと意味がわからないものもあるかもしれない。でもそれが本当にその人にとって必要な本なんだよ」

書店の店長というより、まるでこれはコーチかコンサルタントの使う言葉です。最初この話を聞いたときには、「確かにそれはそうかもしれませんけど、それでお客さまって満足するんですか？」と聞いてしまいました。しかし、それが私の浅はかな考えだと知るのに時間はかかりませんでした。

「読書のすすめ」には、清水店長に本を勧めてもらいたくて、日本中から人が集まってきます。しまいには「本のソムリエ」の噂を聞きつけたテレビ局が清水店長に目をつけ、ついにテレビ出演。文化人タレントになってしまいました。

そしてもう1つ、「こんなことやっているのは、ここだけだよね」と間違いなく言えること。

それは「読書のすすめ」は、出版社の編集者の溜まり場であるということです。

それは清水店長自身がベストセラー作家であるということも理由の1つではありますが、清水店長は「この編集者を応援する」と決めたら、その担当者がつくった本を1000冊売ったりします。これは街の書店1店舗単位でいうと、奇想天外な数字です。お客さまとの信頼関係も完全にできているので、清水店長がお勧めすると簡単に売れてしまうのです。

清水店長がお酒好きなこともあり、「読書のすすめ」は定期的に近所の居酒屋で飲み会を開催。そこには編集者、著者を志す人、本好きが集まり、飲み会をきっかけに出版した著者は200人以上。私もその1人です。「お客さまの人生を変える一冊を提案する」というコンセプトを貫き続けた結果、「読書のすすめ」だけでなく、清水店長自身がブランドになったのです。

「なぜ、これがないのか？」を書き出してみよう

「人生を変える本を教えてくれる書店の店主」

「ベストセラー作家や編集者に出会えてしまう飲み会を開催する本屋さん」

よくよく考えてみると、「そんなの簡単じゃないか」と思うかもしれませんが、まさにこれはコロンブスの卵。最初にやったもの勝ちです。

この世の中にはまだまだ誰も気づいていないコロンブスの卵がたくさん落ちています。

私自身もここを探すのが昔から大好きでした。常に「ありそうでないもの」を探し出し、そのニッチの部分で勝負してきたような気がします。

これを探す方法は簡単です。あなた自身の中にある不満を書き出し、それを解決する方法を考えればいいのです。

ここで、いままで私がつくってきた事業の元になったコンセプトメイキングを紹介します。

【不満】　たこ焼きを待つ時間が退屈

【解決策】スタッフたちの焼きのパフォーマンスや笑顔、トーク能力、ビジュアルを磨いて、買うのを待ってるだけで楽しくなってしまう劇場型たこ焼き屋

【不満】ダイニングは店員が気取っていて入りにくいし、カウンターに常連が溜まっていて疎外感を感じる
【解決策】カウンターがなくてサービスがよくて、かっこいい男の子とおしゃれな可愛い女の子が働いていて、その人たちと簡単に友達になることができ、「いらっしゃいませ」ではなく「おかえりなさい」と迎えてくれる、家のようなあたたかいダイニング

【不満】大切な人にサプライズをしたいけど、手がかかるし、方法がわからない
【解決策】電話一本で頼むだけ。幹事は座っているだけで勝手にお祝いが始まり、ターゲットが涙を流して喜び、結果的に幹事が一番感謝されてしまうお祝い代行の店

【不満】バツイチなど、訳ありの人たち向けのウェディング会場がない
【解決策】低予算でその後の生活の負担にならず、細かい点まで願いを全部叶えるために全力を尽くす、会費制専門のウェディングプラン

【不満】福岡に観光に行ったけど、どこに行けば美味しいものが食べられるんだろう？
【解決策】100メートル以内で、福岡の美食をすべて食べることができる飲食店ストリート
【不満】本を出したいけど、その方法がわからない
【解決策】出版の素人が、初めての本を出すという夢を叶える方法を全部教えてくれる、出版スタジオを持った出版プロデューサー
【不満】講演会って、一人で行きにくい
【解決策】ワークや懇親会がしっかりと整備された、疎外感のない講演会
【不満】自己啓発の世界って、なんか独特の一部の人だけのものだよね
【解決策】しっかりと地に足をつけてビジネスをしているやり手や、美男美女が集まる自己啓発コミュニティ

【不満】読んだ本の著者に会いたいけど、雲の上の人
【解決策】直接会えて、話ができるチャンスのある著者
【不満】ベストセラー作家って一部の特別な人たちでしょ。そんなのなれっこないよ
【解決策】自分の経験を通して、本の書き方を親身になって教えてくれるベストセラー作家
【不満】コーチングのノウハウは取得したけど、どうやってビジネスにしたらいいのかまったくわからない
【解決策】理論だけではなく、お客さまの集め方や稼ぎ方までをしっかりと教えてくれるコーチングスクール
【不満】ブランドになりたいけど、その方法って自分で見つけるしかないよね
【解決策】自分をスターにしてくれる元スター経験者や、自分を輝かせてくれる素人専門のブランディングコンサルタント

【不満】　コーチングってアメリカ生まれのものだから、部分的にはどうしても日本の風土に合わない場合がある
【解決策】日本の歴代の指導者たちのエキスをふんだんに詰め込んだ、日本人向けのメイドインジャパンのコーチング

事業を立ち上げるとき、私は何よりも先にこのコンセプトメイキングから始めてきました。というより、このコンセプトがないと、事業を始める気にならないのです。

まず自分自身の中にある不満を探し、解決策を考える。そしてその一連の流れの中にお客さまの喜ぶストーリーができ、それを想像をするだけでワクワクが止まらなくなったときに、新しい事業の形が見えてきます。

まだまだこの世の中には、コロンブスの卵がたくさん転がっています。不満→解決策。この2つを考えてみてください。あなたオリジナルのビジネスモデルが必ず見つかります。

あなたは何の専門家?

私は現在、コーチ、コンサル、著者、セミナー講師というメンター業を志す人を対象に、その人たちの起業やブランディングのお手伝いをする仕事をしています。いまでこそ、こうして「個をブランドにするメンター育成の専門家」として活動できるようになりましたが、実際にこの肩書きを発見するまでに約8年の時間がかかりました。

7年前に出した『感動の条件』(ロングセラーズ刊)という本が、ありがたいことに10万部を超えるベストセラーになり、全国から講演が殺到した時期がありました。可能な限りの依頼を受け、全国を飛び回っていたのですが、そのときに最も多かった質問が、

「ところで永松さんは何の専門家なのですか? たこ焼き屋やダイニングをやっていて、本を

「書いたり講演をしていたりするのはわかるのですが、一言で表すと、どんな人なんですか？」

というものでした。実際にこのとき、私自身が「この専門家です」という答えが見つからなかったのです。なんとなく『『感動の条件』の著者」として活動していました。当時私の会社は「(株) 陽なた家ファミリー」という、店の屋号と働くスタッフたちのイメージをそのまま会社名にしていたのですが、これも「講演でこの名前はわかりにくいよね」という正直な指摘を受け、とても悩みました。陽なた家を知ってくれている人には伝わるのですが、知らない人には何屋かわからなかったのです。

思い切って私は会社名を変更することにしました。スタッフたちとミーティングを重ね、「自分たちは何をする集団なのか？」をできる限り明確に砕いていった結果、1つのコンセプトが生まれました。それは「この日本の『宝』と呼ばれる人を育成する会社」というものです。

このコンセプトをそのまま表現し、「(株) 人財育成JAPAN」という会社名にして再出発しました。

この社名変更により、「飲食店の会社」から「飲食、出版、講演という事業を通して『人材』

を『人財』に変える会社」とイメージシフトしていきました。

そして講演でも「飲食店経営者」ではなく、「人財育成会社の経営者」としてのイメージに切り替わり、おかげさまでたくさんの企業に呼んでいただけるようになりました。

言葉が与えるイメージの影響力は偉大だといまでも常々感じています。そしてちょうどこの頃から、私の中で、ぼんやりとではありましたが、パーソナルブランディングという分野に対する興味が湧いてきました。

「自分が何者なのか」に気づかせてくれたもの

しかしこの社名変更したときもまだ、私自身が何者なのかははっきりとわかりませんでした。

飲食店も経営が安定し、講演の動員数や本の出版冊数が増えても、私自身の表現はどこかぼやけていました。

人のブランディングは明確にできるのですが、自分自身のことは見えなかったのです。

そこを明確にしてくれたひとつのきっかけが、私の主催する「永松塾」の塾生たちでした。

「永松先生のようなメンターになりたい」と言ってくれる人が増えてきたのです。

「メンターか……。あまりその言葉を意識したことって、なかったな。ところで君たちにとってメンターってどんな人？」

「先生みたいに、コーチングやコンサルティングをして人の夢の実現をサポートしたり、出版や講演を通してたくさんの人にメッセージを贈る人のことです」

この言葉にハッとしました。

「メンター……。もし僕自身が彼らにとってそういう存在なら、自分の経験を通してメンターを目指す人の育成家になればいいんだ。そうだ。僕の会社は『人財』を育てる会社。僕がイメージする『財』とは人を自己実現に導くメンターのこと。そのメンターという『財』が増えればその人の周りにいる人が幸せになる。そうだ、この存在の育成に自分の命を使おう」

この経緯から「『個』をブランドにする、メンター育成の専門家」としての自分が生まれたのです。自分は何者なのか？　この問いにやっと答えが出てから、私の未来への展望は一気に広がりました。

「メンターを育成するためには？」と考えた結果、3つの事業展開が決まりました。

1つめが、著者を目指す人のための出版スクール
2つめが、コーチを目指す人向けの起業支援スクール
3つめが、経営者や、すでに事業をしている人のブランディングコンサルティング

不思議なものです。この3つの事業軸が固まったとたん、その立ち上げに必要なスキルを持った人たちが集まってきてくれるようになりました。塾内ではすでに始まっていますが、この本の発売時に出版スクールは一般の人向けの本格リリースが始まる予定で動いています。

「自分が何をする人間なのか？」という設定は、どれだけ深く追求してもしすぎることはありません。あなた自身の未来のためにも、ぜひ考えてみてください。

さて、では次の章では「どんな人に伝えるのか？」について考えていきましょう。

Chapter
3

お客さま像を明確化する

Target

あなたのお客さまは誰ですか？

前章では、「あなたが具体的に何をする人なのか？」を明確にしました。
ここからは、もう1つの大切なことをお伝えします。それは、

「あなたがサービスを届けたい人、つまりお客さまは誰ですか？」

ということです。ここも具体的に明確にしておかなければ、必要としていない人に向けて情報発信をするという無駄手間になってしまいます。あなた自身の次は、あなたのお客さまを具体的にしていきましょう。

たとえばあなたが個人でフェイシャルエステのサロンを開業したとしましょう。集客はこれ

から。まずは集客のためのチラシをつくったとします。これを50代の男性に配ったら反応はどうなるでしょうか？　答えは簡単。「ふーん、こんなのやってるんだね。がんばってね」で終わります。なぜか？　必要としていないからです。

もう1つ例を挙げましょう。

あなたが弁護士の資格を取ったとします。得意分野は離婚調停。同じようにチラシ配りを始めるとします。これを、ウェディング会場を見にくるカップルに配ったらどうなるでしょう？

これも答えは簡単。怒られます。

この2つのたとえは少し極端かもしれませんが、実際にこのようなことをやっている笑えないパターンは少なくありません。こういう間違いをしてしまう理由、**それは「お客さまが誰なのかが具体的にわかっていない」ということなのです。**

自分とお客さまを明確にして、初めて具体的なマーケティング活動が役に立つのです。

さて、あなたはすでに自分が何の専門家なのかを先ほどの章で具体的にしました。

ここからはお客さまの顔を明確にしていきましょう。

お客さまを絞り込む勇気

さて、お客さまの顔を明確にしていく作業なのですが、じつはこれには、ものすごく勇気が必要になります。「お客さまを絞り込む勇気」です。

事業の立ち上げのときは、一人でも多くのお客さまが欲しいものです。ですから多くの人が自分のできることの範囲を広げすぎてしまい、結果的に「何をやっている人なのか、何がやりたいのか、何が得意なのかわからない人」になってしまうケースをよく目にします。

あなた自身が何をしたいのかがはっきりわかっていたとしても、お客さまにそれが伝わらなければ、結果としてお客さまは集まってきません。そもそもそこがぼやけていること自体、あなた自身が何をやりたいのかが自分でわかっていないのかもしれません。

よくこんな名刺をいただきます。「あなたを幸せにするコンサルタント」「キラキラ光る人生をつくるコーチ」など。もうおわかりでしょうが、「幸せ」や「キラキラ」という抽象的な言葉で自分自身を表現すると、人には伝わりにくいのです。

あなたが女性向けのコーチで起業するとしましょう。

では女性とはどんな女性なのでしょうか？　30代？　40代？　独身？　主婦？

たとえばここで、対象を絞り込んだ1つの例をあげてみましょう。

「自分の人生にやりがいを持ちたい、人口50万人以上１００万人以下の中都市に住む、プチ起業を志すアラフォーママ対象の、起業専門コンサルタント」

いかがでしょうか？　これでお客さまはだいぶセグメントされてきたと思います。

いま、この本を読んでいただいている方の中でも、「あ、対象から外れた」「女性向けか。僕は違うな」と思った方もいれば、「うわ、私ドンピシャ」と思われた方もいるでしょう。

単に「女性向け」と言われるより、ここまではっきり打ち出してもらえると、「ドンピシャ」の方の期待値は上がっていくはずです。この期待値を上げるのは、あなたが対象とする人だけでOKです。その人に該当しない人は速やかに外れてもらいましょう。それでいいのです。

「そうか。ここに該当しない人は来ないんだな」とあなたは思うでしょう。

しかし、じつはこれには不思議な現象が起こります。

絞り込むことで結果的に、対象から外れた人もやってくるのです。

該当しない部分、たとえば「人口」「年齢」。ここが多少ずれていたとしても、あなたの専門家としての影響力が高まれば、この対象にピタッと該当しなくても必ずお客さまは来てくれます。極端な話、プチ起業を志す男性が来てくださることもあるでしょう。

お客さまにとって、どれだけ具体的に「自分のことだ」と思わせることができるか？　ここを明確にするためにも、まずはあなた自身のお客さまの絞り込みが大切になってくるのです。

理想のお客さま像をつくる

ではここからもっと具体的にお客さまを明確にしていきましょう。

これは企業のマーケティングにもよく使われる手法なのですが、このお客さまを明確に絞り込んでいくワークを「**ペルソナ設定**」といいます。

これはあなたの理想のお客さまの年齢、名前、住んでいる場所、仕事、家族構成、趣味などを、具体的に書き込んでいく作業です。あくまでもあなたの理想ですから、自由に書き込んでください。

さて、次はもう2人ペルソナを設定します。1人目のペルソナは「理想のお客さま」でした。次は「普通のお客さま」、そして最後は「お客さまにしたくない人」です。

ここも明確にしておくことで、どんな人までならお客さまとして受け入れることができるか、そしてどんな人はお客さまにしたくないかを、あなた自身が確認することができます。

なぜこのお客さまが理想なのか、なぜこのお客さまがイヤなのかを遠慮なく書き込んでください。このペルソナ設定は、たとえばホームページやチラシをつくるときにも役に立ちます。「こんな人はご遠慮ください」と最初に書いておくことで、あなたのリスクを減らすこともできるのです。

さて、では次の作業です。

理想と普通のお客さまの不満、そしてその人たちが求めているものを書き出してください。

あなたのお客さまはどんなことに不満を抱えているのか？　そしてどうなっていけばそのお客さまは満足するのか？　ここを明確にすることは、あなたのブランディングにとって大きなキモになります。

どれだけこの未来の姿を具体的に見せるのかにおいても、大きく役に立ちます。

このペルソナ設定のワークをすることで、あなた自身がそのペルソナに近い人たちを探しやすくなるという利点もあります。そういう人を見つけると、その人たちが何を求めているのか、何に不満を持っているのかを直接聞くことも可能になります。

ちなみにこれは、あなたとあなたを手伝ってくれる人たちだけで共有するお客さまの具体的な設計図ですから、この資料はあなたの事業を手伝ってくれるプロジェクトメンバーや、メンター以外には見せる必要はありません。

このワークは少し時間がかかりますが、とても大切なところなので、ぜひ楽しんでやってみてくださいね。

「見込み客」とは、そのサービスをすでに買ったことがある人のこと

あなたのペルソナに書いた人のことを業界用語で「見込み客」と言います。

「よし、見込み客が明確になった！　身近なところから広げていこう」

多くの人はそうやって行動し始めますが、これはほとんどの場合、苦労します。なぜか？

いくら身近とはいえ、商品の価値を知らない人や興味のない人に、その価値を普及していくのは、どんなプロでも容易なことではありません。ましてや始めたばかりの人が、その価値を知らない人へアプローチをかけるのは、なおさら難しいことです。

では、あなたがまず伝えるべき存在はどんな存在なのでしょうか？　それは、

「すでにあなたのその商品に興味を持っている人」、**もっとベストケースとすれば、「あなたが**

扱うその商品の類似品をすでに買ったことがある人」

です。たとえばあなたがエステで起業するなら、まず最初に伝えるべき人は、「いつもエステに通っている人」。あなたがマッサージで起業するなら、「いつもマッサージに行っている人」。あなたがコーチで起業するなら、「すでに誰かのコーチングを受けたことがある人」。あなたがセミナー講師として起業するなら、「セミナーに通うのが好きな人」なのです。

そのサービスを受けたことがない人に、その価値を伝えようとするのは、ものすごくエネルギーを使います。それよりも、「すでにその商品を使ったことがある人」のほうが楽に伝えることができるのです。

ですから私はいつもクライアントに、「友達や身内の人をペルソナにしないでください」と言っています。友達や身内は最初の立ち上げこそは手伝ってくれますが、それはあなたが好きだから手伝ってくれているだけで、あなたの商品に惚れ込んでいるわけではありません。

あなたが店や事業を立ち上げると知ると、「週に3回は行くよ」と言ってはくれても、ほぼそれは実現しないでしょう。その言葉はあくまであなたへのエールなのです。本当のお客さまは、あなたがお店や事業をつくったときに、そのサービスに惚れ込んだ人から広がっていくものだということを、しっかりと覚えておきましょう。

身近な人は、あなたのお客さまになりにくいと心得る

こんな経験がありました。

私が本を書き始めた当時、飲食業の現場を離れることはできなかったので、私の書斎は中津の自分の店のテーブルでした。営業中、端っこのテーブルで耳栓をして本を書いていました。1作ずつエネルギーをかけて書き上げたときの感動は何とも言い難いものがあるのですが、うちのスタッフたちは「あ、書き上げたんですね。お疲れ様でした」と言って、それぞれの仕事に戻ってしまいます。「せっかく書いたんだから読んでくれよ」とがっかりすることがしばしばでしたが、そもそも、うちの創業のスタッフたちはもともと本を読みません。いくら強制し

ても読みません。

本を読むという文化がないのです。本が安定的に売れ始め、店を訪れてくれる読者さんが増え始めてきてやっと、「知らないと会話にならない」と、しぶしぶ読み始めたくらいです。残念ながら身近とはそんなものなのです。

これに対して福岡のほうの店のメンバーは、もともと本をきっかけに私の店で働くようになったスタッフたちばかりだったので、出版部門はもっぱら福岡チームの担当になりました。

身近な人があなたの価値に気づくのは一番最後。あなたが影響力を持ち、インフルエンサーと呼ばれるようになったときです。


「身近な人だから聞いてくれるはず」と思うでしょうが、これは逆。

「身近な人だからこそ、真剣に聞いてくれない」と覚えておきましょう。


上司の話を一番真剣に聞かないのが部下だったり、旦那の話を一番聞かないのが奥さんだったりします。しかし、どこかの社長や隣の旦那が同じことを言ったらなぜか聞きたくなってしまう、そんな心理が人間にはあります。こういったことからも、あなたのペルソナワークから、身内や友達は必ず外しておきましょう。

魚はどこだ?

さて、無事にペルソナを終え、あなたはお客さまの具体像を手にしました。次にやることはもう想像がつきましたでしょうか? そう、「ペルソナに近い人を探す」という作業です。

ではその人たちはどこにいるのでしょうか? それは先ほど話をしたように、その業界のお客さまの中にいます。その人たちの不満や求めるものを洗い出し、そこに向けてあなたのできる価値を発信していくのが一番の早道なのです。

人をこんなふうに例えて申し訳ありませんが、あなたの理解を深めていただく目的上、あえてこの話をさせていただきます。

あなたが釣りをするとしましょう。釣りたい魚はマグロ。

このマグロを釣るにはどうしたらいいでしょうか？　簡単です。マグロのいる海まで船を出すことです。

マグロを釣るにはその海まで行くことが一番の早道です。東京湾でじっとマグロを待っていたら日が暮れてしまいます。マグロなら大間。カツオなら静岡の焼津や鹿児島の枕崎。フグなら下関。イカなら佐賀の呼子《よぶこ》。関サバなら大分の佐賀関。

つまり求める人はどこにいるのかを探し当てることが大切なのです。何度も書いてきましたが、いまはネット社会です。あなたが求めるお客さまをしっかりとつかんでいるカリスマを探すのは簡単です。まずはあなたが目指す職種のトップリーダーを探してみてください。この人の創り出すコミュニティや勉強会などの世界、そしてホームページ。これこそがマグロたちの集まる大間であり、ここでのサービスや広告表現が、マグロの欲しがるエサみたいなものです。

さて、そのカリスマを見ると、ひょっとするとあなたはこう思うかもしれません。

「レベルが違う……」。しかしそれでいいのです。いきなりその人にあなたがかかっていくわけではないですから。あくまであなたの求めるお客さま像と、その人たちを虜《とりこ》にしている人のモデルを知るためだけの作業です。この時点で比較、競争は必要ありません。まずはうまくいっている人について学ぶことが大切なのです。

よく「業界ナンバーワンを目指そう！」とうたうビジネス書がありますが、私はそうは思いません。確かにナンバーワンたちが持つ影響力は絶大なものがありますが、だからといってすべての人たちがその人のところに行くわけではありません。世の中は広いから大丈夫です。

とくにあなた一人のパーソナルビジネスの場合、まずは30人から50人のお客さまを持てば、十分ビジネスとしてまわります。

1億3000万人の中の50人。

そう考えれば、心が楽になるはずです。いきなり業界ナンバーワンを目指す必要はありません。あなたの漁場は必ず見つかります。

「やりたいこと」と「求められるもの」は、どっちが先？

「やりたいことをやろう」というキーワードが、いま世の中のブームです。これはとてもいいことだと思います。やりたくないことを我慢してやりながら生きていく人生よりも、自分の好きなことだけを思いっきりやる人生のほうが幸せに決まっています。

しかし、影響力という観点から見ると、いきなりこのゾーンに入るのは少し危険と言わざるをえません。やりたいことをやってはいけないのではありません。もしあなたが何らかの起業を考えているのなら、まず先に探すのは「やりたいこと」ではなく、「求められているもの」であるべきです。正確にいうと、

求められていることの中から、あなた自身が一番やりたいことを探す

ということです。

あなたがお客さまの立場になって考えてみてください。

あなたが求めている以外のものを「買ってください」と言われても、それは困るでしょう。どんなビジネスにおいても、購買の決定権は買う側にあります。その決定権を売る側が奪ったら、それは押し売りになります。購買の決定権がお客さまにある以上、ただ自分が売りたいものだけを準備しても、ビジネスとしては危険です。

先ほど「ないものを探そう」というお話をさせていただきました。誤解のないようにここで付け加えておきますと、それはあくまで、

お客さまが求めていて、やろうと思えば誰でもできるにもかかわらず、誰もやっていないもの

ということです。あくまでお客さまが求めているということが前提です。

起業をしたいという人に、私がいつもお話しさせていただいている考え方を、ここでご紹介します。

「たとえばあなたが飲食ビジネスを始めようと考えているとしましょう。その町はラーメンで有名な町だとします。数あるラーメン屋がひしめき合う町。そこであなたはどんな飲食店を開きますか？」

という質問をします。すると多くの人が、

「ラーメン屋は隙がないので、ニッチを狙って、うどん屋をします」

と、このように多くの人が答えます。

しかし、これではうまくいく可能性は低くなってしまいます。なぜか？

「その町にラーメン屋が多いということは、それだけラーメン屋で食べていけるお客さまの市場がある」

とも言い換えることができるからです。

プロの事業家は、そう考え、その町のラーメン屋の市場調査をし、「お客さまが求めているはずなのに、ないもの」を探し、その不満を解決するラーメン屋を出すでしょう。そうすればすでにその町自体の知名度がお客さまを集めてくれていますから、その中の不満を持ったお客さまたちは、あっという間にその店に流れていくでしょう。

これも私が師匠に教えてもらった商売の原則の1つです。「ないもの」は「その市場がない」可能性が大です。しかし「あってもいいはずなのに、ないもの」には、大きな可能性が隠れています。あくまでその条件の中で、やりたいことを探せばいいのです。

エステなら、お客さまの不満を解消するエステ。コンサルティングなら、他のコンサルタントが見落としている盲点をすべてカバーするコンサルタント。よく見渡してみれば、できることはたくさんあります。

いかに、その業界を愛しているお客さまの不満を解消するか？

そこにチャンスがあるのです。

知恵を使って巨像を倒せ

この話の証明になるかどうかはわかりませんが、起業したての頃の私の体験談をお話しさせていただきます。

2001年、3坪のたこ焼き屋を立ち上げた私は、スタッフたちの給料を払うため、催事セットを抱えて、来る日も来る日も行商をしていました。そのご縁で、翌年の日韓共催のサッカーW杯の大分会場でのたこ焼きの出店という幸運にめぐまれました。

しかし、まだ実績のない私たちのたこ焼き屋のブースは、会場の端の端。なかなかお客さまの目に留まりにくい場所にあり、売れ行きもいまひとつでした。それとは対照的に、いい場所ではないにもかかわらず、大行列をつくっているブースがありました。それはどこかの地鶏屋さんだったと思います。そして、その行列のおかげで視界を塞がれ、私たちの店が完全に死角になってしまっていたのも、お客さまが来ない1つの要因でした。

「なぜこんなに行列ができているのだろう？」と見にいくと、納得。その地鶏を買った人限定で、プラス800円で顔に国旗のペインティングをしてもらえる券を販売していたのです。

文句を言っても仕方がないので、私はトレイに焼きあがったたこ焼きを乗せて販売にいきました。反則とはわかっていても、その行列の近くで大きな声で「たこ焼きー、たこ焼きー」と言っていたら、待ちくたびれたお客さまが何人もたこ焼きを買ってくれました。

すると、その店の店員さんが私のところに来て、「客を取るな」と言ってきました。いま思えば当たり前のことです。しかし当時若造だった私は、そこから数メートルほど離れた場所で大きな声で販売しました。これで、さらに怒られました。そして最後にこう言われました。


「かわいそうだね、売れないとこうして売りに来なきゃいけないもんね。あはは」

この言葉にカチーンときた私は、このとき聞いたお客さまの不満を総取りするために考えていた案に踏み切ることにしました。というのも、そこに並んでいるお客さまたちが、「地鶏を買うんだから、ペインティングくらいサービスしろよ。どこかにないかな、そんな店」と言っていた言葉を聞いていたのです。

W杯の試合は3試合。次の試合まで中3日。

しかも運がいいことに、スタッフの実家が画材屋さんをやっていたことから、顔用のペインティング絵の具が完全に揃っていることがわかったのです。

次の試合から、その行列は私たちのものになりました。

「たこ焼きを買ってくれたお客さまに、ペインティング無料サービス」

を打ち出したのです。原価は絵の具代だけ。

その店は2日目も相変わらず800円でやっていたので、私たちの完全勝利でした。

私をバカにしたお兄さんが腕を組んで私のほうをずっと睨んでいましたが、そんなことは気にせずに、私は一生懸命お客さまのペインティングに励みました。

3日目には、他のたくさんの店が無料ペインティングサービスをやり始めたのですが、私たちは2日目にしっかりと利益を取ることができたので、万々歳でした。

まあ、このやり方が正しいとは言い切れませんが、「不満を解決する」ということに関しての1つの例になればと思います。

お客さまの困っていることや不満を探すマニアになれば、どんなに小さなビジネスでも、巨像を倒すことだってできるのです。

ヘッドピンの法則

お客さまを明確にする。これはあなたがブランドになるために必須の項目です。

さらに突っ込んで大切なことをお伝えしていきましょう。

ボウリングをしたことはありますよね。ないという人はほとんどいない前提でお話しさせていただきます。ボウリングは全部で10ピン並んでいます。この先頭にあるピンを綺麗に倒すことで、すべてのピンが倒れていく理屈はご存じでしょう。

この先頭にあるピンのことを「ヘッドピン」と言います。

ピンの親玉みたいなものです。じつはこのヘッドピンの理屈は、ビジネスや人間関係にも適応でき、これを覚えておくととても役に立ちます。

私はこれを「ヘッドピンの法則」と呼んでいます。

たとえばあなたが子ども向けの教育ビジネスをするとしましょう。

この場合のヘッドピンは、じつは子どもではなく、その子どもの両親です。

習い事はもちろん子どもの意向もありますが、とくに幼い年齢であればあるほど、その決定権は親が持っています。あなたが喜ばせる対象はもちろん直接的には子どもということになりますが、じつは本当のヘッドピンは、「子どもの成長を心から願う両親」なのです。親が気に入れば、子は自ずと集まってきます。

もう1つ例を挙げましょう。

現代の焼肉屋はガムやおもちゃのプレゼントだけでなく、キッズルームの設備にものすごく力を入れています。**その焼肉屋が狙っているヘッドピンは、「あそこに行きたい」と親にねだる「子ども」なのです。**都会の焼肉屋は少し別として、地方の焼肉屋のメインターゲットはファミリーです。そのファミリーのヘッドピンの多くは子どもです。

このヘッドピンはいろんなところに存在します。

会社であれば社長かもしれませんし、専務かもしれません。ともすれば、長年会社をつかさどっている秘書の人かもしれません。

「どの人にフォーカスすれば、すべてのピンが倒れるのか？」

そこを見つければ、ビジネスに怖いものはありません。

このヘッドピンの法則はご理解いただけましたでしょうか？　さて、ではここからもっと詳しくパーソナル時代のヘッドピンについての、大きな盲点についてお話ししていきましょう。

メンター業を志す人が狙うべきヘッドピンとは

パーソナル時代の夜明けがどんどん明るくなっていくにつれ、メンター業を志す人の数が増えています。先ほどもお伝えしましたが、このメンター業とは、コーチ、コンサルタントや士業、カルチャースクールの講師やセミナー講師など、自分の知識や経験を活かして、人に何かを教える、いわば「先生業」と、まとめることができるものです。

たとえば1つがコーチング。この言葉はこの本でもたびたび使ってきましたが、いま、このコーチングという、ゴールに向けて走るマラソン選手の伴走者のような存在の仕事が、密かに注目を浴び始めています。

日本のコーチングの歴史は浅く、アメリカから日本に入って来てまだ20年。本格的にビジネスとして認知され始めて、まだ10年も経っていません。しかし、東京や大阪の大都市では、徐々に認知度が高まってきています。あと10年もすれば、このコーチングの存在は地方都市の隅々まで広がっていくと予測されています。

コーチングを本業にと志す人の数も圧倒的に増え、私の主催する永松塾でもその需要が高まってきたことにより、コーチングスクールの開講を準備し始めています。

コーチングの分野は多岐にわたります。メンタルコーチング、夢実現に関するコーチング、起業コーチング、ビジネスコーチングなど、いろいろな種類があります。

さて、このメンター業。ヘッドピンはどこにあるでしょうか？

当たり前ですが、メンター業は先生と生徒の二軸の関係で成り立ちます。

しかし、もう1つビジネスにできる対象があるのです。答えを言います。

それは「教える側、つまり先生になりたい人」です。

生徒にも2種類の存在がいます。

1つのタイプは、自分のスキルアップや成長を望む人。

そしてもう1つは、知識を身につけて、人に教えることを仕事にしたいと望む人。

前者に比べ、後者の数は多くはありませんが、この人たちも起業家の卵です。

当然、学びに対する貪欲さもモチベーションもまったく違います。

「生徒」ではなく、「メンター業で起業したい人」をヘッドピンと考えると、あなたが組み立てていくビジネスの質はまったく変わります。これは意外と盲点になっているので、まだチャンスはたくさん眠っています。

生徒だけではなく、メンター志望の人を多数育成することで、その人たちが全国各地で、メンターとしてたくさんの人を成功に導いてくれることになります。

このヘッドピンの法則を覚えれば、あなたの労力は減ります。

なぜかというと、その人の「イエス」をもらえれば、一人ひとり説得することなく、自動連鎖的に他の人たちがついてくるからです。その手間が省けた時間を、もっとあなたは有効に使うことができるようになります。

あなたにとってのヘッドピンはどこですか？

パーソナルブランディングでは、再現性を持てるかが勝負

あなたがビジネスの対象を私と同じく、「メンター業を志す人」と設定したとします。

そうなると、あなたがまず初めにつくるべきものは、「**しっかりと学べば誰でもメンターとして活躍できるプログラム**」です。

適当に教えて、「あとは勘でやって」では、人によってサービスがばらつきのあるものになり、結果として本部となるあなたのビジネスのブランドが壊れてしまいます。とくに目に見えないサービスを扱うこの業種では、「結果」に対するクオリティが何よりも優先されます。

私もこれまでいくつかのメンター育成ビジネスの立ち上げに関わらせていただきましたが、このことに一番苦労してきました。

個人の力でパーソナルビジネスを立ち上げ、ブランドと呼ばれるようになった人たちの多く

は、セオリー中心ではなく、本人の持った「勘」や「才能」頼りのケースが圧倒的に多いため、その人のプログラムづくりに再現性を持たせることが難しいのです。

もっとわかりやすく言うと、「その本人しかできない」方法が圧倒的に多いのです。

こうしたインフルエンサーたちの人生は、それはみな波乱万丈です。聞いているととても面白い話やエキサイティングな話ばかりです。

しかし、その成功のエキスをノウハウ化しようとしたとき、あまりにもエッジが効きすぎてしまい、普通の人が真似できないのです。これでは次のメンターの育成はできません。「名選手が必ずしも名監督になれるわけではない」という言葉がありますが、まさにその典型です。

もしあなたがそのタイプなら、次世代を育てるということより、あなた自身がずっと輝き続け、ファンを増やしていくブランドビジネスのほうが適正でしょう。

自分が輝き続けていくタレントとしての道。自分のやってきた経験に基づくエキスを標準化し、次世代のメンターを育てていく道。

どちらが正しいということはありません。あなたがどちらの道を歩いていきたいかです。

私はこのメンタービジネスの中で、個人的にとても好きで尊敬している会社があります。

恐れ入ります
切手を
お貼りください

郵便はがき

162-0816

東京都新宿区白銀町１番１３号

きずな出版 編集部 行

フリガナ

お名前　　　　　　　　　　　　　　男性／女性
　　　　　　　　　　　　　　　　　未婚／既婚

(〒　　　-　　　)
ご住所

ご職業

年齢　　10代　20代　30代　40代　50代　60代　70代～

E-mail

※きずな出版からのお知らせをご希望の方は是非ご記入ください。

愛読者カード

ご購読ありがとうございます。今後の出版企画の参考とさせていただきますので、アンケートにご協力をお願いいたします(きずな出版サイトでも受付中です)。

[1] ご購入いただいた本のタイトル

[2] この本をどこでお知りになりましたか?

1. 書店の店頭　2. 紹介記事(媒体名:　　　　)
3. 広告(新聞/雑誌/インターネット:媒体名　　　　)
4. 友人・知人からの勧め　5.その他(　　　　)

[3] どちらの書店でお買い求めいただきましたか?

[4] ご購入いただいた動機をお聞かせください。

1. 著者が好きだから　2. タイトルに惹かれたから
3. 装丁がよかったから　4. 興味のある内容だから
5. 友人・知人に勧められたから
6. 広告を見て気になったから
(新聞/雑誌/インターネット:媒体名　　　　)

[5] 最近、読んでおもしろかった本をお聞かせください。

[6] 今後、読んでみたい本の著者やテーマがあればお聞かせください。

[7] 本書をお読みになったご意見、ご感想をお聞かせください。
(お寄せいただいたご感想は、新聞広告や紹介記事等で使わせていただく場合がございます)

ご協力ありがとうございました。

きずな出版　URL http://www.kizuna-pub.jp　E-mail 39@kizuna-pub.jp

それは「カーブス」という、女性専用のフィットネスクラブの全国チェーンです。

各店が統一されたかなり高いクオリティを保っていることと、女性たちの健康促進やダイエット効果の高さが評判になり、現在店舗は約1900店舗、会員数が約82万人（2018年5月時点）。私の母が生前、このビジネスを始めたことで、私が後を引き継いで大分県の中津市で2店舗経営させてもらっていますが、引き継ぎ時、カーブスのマニュアルを見て、その細部まで行き届いた徹底ぶりにびっくりしました。「そこまでやるの？」と思わず声に出るくらい、しっかりしたマニュアルがあるのです。

しかし、それは多くのチェーン店にある「人を縛るためのマニュアル」ではなく、「カーブスに関わるお客様、メンター、コーチ、スタッフなど、誰もが幸せになるためのマニュアル」というふうに私は感じました。だからこそ、誰もが自分の目標に向けてしっかりと進むことができ、効果が上がっていくのだと思います。

自分だけの成功ではなく、その成功のエキスを標準化し、再現性をつくる。

言葉にするのは簡単ですが、それをつくるのには根気と改良にかける熱意が必要です。

「いかに再現性を持てるか？」

これがメンタービジネスの鍵になると言い切って、間違いはないでしょう。

集客をしっかりと学ぶ

あなたがビジネスをつくっていく上で、「3つのP」という要素が大切になります。

1つ目のPが本書の核となる「**ポジショニング**」。これはつまり、あなたのビジネスは誰にどんな商品を届けるのかということ。ここをしっかりとブランディングすることで、他の同業者との差別化ができるようになります。

そして2つ目のPが、商品開発である「**プロダクトデザイン**」。

そして3つ目のPが「**プロモーション**」。つまり「お客さまにどう情報を届け、商品を買ってもらうのか」ということ。

いくらポジショニングやプロダクトデザインがしっかりとできたとしても、結果的にそれがお客さまに届いて、しっかりと代金を入金してもらわないとビジネスは成立しません。

しかし、パーソナル起業を志す人たちが、一番苦手とし、多くの人が避けようとする分野がこの3つ目のプロモーション部門なのです。

「目の前の人の幸せのために一生懸命やれば、お金は必ずあとからついてくる」

この言葉は残念ながら、起業においては理想論でしかありません。よほどのことがない限り、起業したばかりの人の口コミが自然発生的に広がっていく可能性はありません。これには理由があります。少し厳しい現実ですが、しっかりと覚えておいてください。それは、

人はあなたのことを知らないし、知ったとしても、まだいまは無関心だから

です。いまやインフルエンサーと呼ばれ、大きな影響力を持った人でも、最初は誰も知らない一般の人からのスタートです。その人たちも黙って何もせずにお客さまが集まってきたわけではありません。むしろ何もせずに集客できたという人はほぼ皆無でしょう。

誰も自分のことを知らない状態から、チラシを配ったり、SNSをコツコツ書いて発信したり、ホームページを何度もつくり替えたり、できる限りの努力を積み重ねながらブランドをつくってきたのです。

ですからまずは「自分からお客さまの信頼をつかみにいくんだ」という覚悟は絶対に必要です。その覚悟があれば、あとは便利な時代です。メルマガ、ブログ、フェイスブック、インスタグラムなど、告知をするのに便利なツールがたくさん誕生しています。

この本はあくまでブランド構築の中でも、ポジショニングに絞った本なので、これ以上の説明は避けますが、この集客というプロモーションに関しては、その道の専門家の力を借りたり、しっかりと勉強することが必須になっていきます。

せっかくつくったあなたの商品です。一人でも多くの人に知っていただくためにも、この集客に関するプロモーションから逃げることなく、しっかりと勉強していきましょう。

Chapter
4

お金に対するメンタルブロックを外す

Money

お金の壁

この章では多くの人が大切とわかっていながら、なかなかその取得方法を見つけることができない「お金」の分野の存在についてしっかりと考えていきましょう。

質問します。

あなたは自分のビジネスで、いくら売上を上げたいですか？

商品の単価はいくらですか？

ブランディングコンサルをしていて、この質問をすると、それまで目をイキイキさせていた人が、突然口をつむって下を向きます。

この日本ではお金について考えることを悪いこととする風潮があります。とくにこれから起業をする人たちは、この部分の話を遠ざけてしまう傾向にあるようです。「なんだ、結局お金なの？」と思われてしまうことを恐れていることに、その原因があるのでしょう。

最初に、お金に対する考え方で一番大切なことをお伝えします。

お金は決して悪いものではありません。むしろ、しっかりとあなた自身を安定させていくためにも、そして何よりもあなたが影響力を持つためにも、お金は必要です。

これは何もお金を第一に考えようとか、守銭奴《しゅせんど》のようになろうとか、そういう話をしているわけではありません。あなたが困らないように生活していくためにも、そして円滑にビジネスをしっかりとしたものにしていくためにも、きちんとお金をいただくことは、悪いことでもなんでもありません。悪いことどころか、絶対に大切なことなのです。

あなたの中にある、お金に対するセルフイメージを書き換え、そしてお金に対するメンタルブロックを壊していかなければ、パーソナルブランドビジネスの分野で影響力を手にすることは、残念ながら難しくなっていくでしょう。

世の中に普通にある会社。これらはどこもお金というものを血液として生きています。この流れが停滞してしまうと、とても危険な状態になります。そしてこれが完全に止まってしまうと、人間で言うところの死、つまり倒産してしまうのです。

ですから、お金というものについてしっかり考えていくということは、人間が健康に対してしっかりと考えるということと同じなのです。

お金の流れを理解する

当たり前ですが、ビジネスをつくっていくということは、その大小は別として、必ずお金がかかります。これは会社であろうが、個人店であろうが、そしてあなた一人で始めるパーソナルビジネスであろうが、その理屈は同じです。何千人もの社員を抱える大企業であろうが、たった一人のビジネスであろうが、すべて同じです。

私は飲食店を経営しているので、この分野を例題に考えてみましょう。

飲食店を始めるには、まずお店をつくることが必要です。商品は食べ物だったり飲み物だったり、そしてまたそのお店でお客さまのためにするサービスだったり、それはさまざまですが、何をおいても、まずはお店という箱がないと商売を始めることができません。

どこかの親切な人が、「このお店をタダであげるから、あとはがんばってね」とお店をポンとくれれば、限りなく投資はゼロですが、そんな美味しい話はめったにありません。

お店を建てるにしろ、借りるにしろ、必ずお金はかかります。お店をつくるお金が必要になるのです。このためにお金を使うことを「投資」と言います。ここまでは簡単にご理解いただけるでしょう。

では、その投資額をいくらにするのか？　それは客数や客単価を考えながら、まずは毎月いくらを売り上げるのかの予測を立てます。これは売上の希望金額ではなく、最低限必ず売り上げなければいけない数字をベースに組み立てます。

そこから家賃、人件費、食材費、光熱費など、店の運営に必ずかかるお金を引いた金額が利益になります。もし開店時に借金をしたなら、その利益の中から、毎月の返済が始まります。

ですから、まずは、いくら売り上げるのかということ、つまり「売上」を設定することが大切になります。この売上と経費と返済を差し引いた金額を上回る投資をしてしまったら、当然ですが赤字になり、手元からまたどんどんお金がなくなっていきます。

普通のビジネスをしている人から考えれば、「当たり前だよ、そんなこと」という基本中の基本ですね。

ではこれを、パーソナルビジネスに当てはめて考えていきましょう。

たとえばあなたが個人でメンター業を始めると仮定しましょう。このビジネスの利点は、まず始めるのにそんなにお金がかからないことです。なぜなら、あなたの商品は知識であり、お客さまの望む姿を実現するということがあなたのビジネスですから、極端にいえば、あなたとパソコンさえあれば、ある程度のビジネスを確立することができます。

さて、あなたはこのビジネスでいくらの売上を上げると設定しますか？　金額はザクッと50万円と仮定しましょう。ここで覚えておかなければいけないことですが、この売上は、イコールあなたの所得にはなりません。いくら利益率が高いとはいえ、交通費や食事代、そしてテキストのコピー代など、いろいろな経費がかかります。

売上からその経費を差し引いた金額、それがあなたの所得なのです。

そこから生活費や家賃、そして所得税がかかります。どうあがいても、これは生きていく以上、最低限かかるのです。

「きちんと元を取る」という心構えはありますか？

さて、お金の流れの話はここらへんにして、ここからは具体的な資金計画に入りましょう。50万円を売り上げるためには、当然あなたの商品を買ってくださるお客さまを探さなければいけません。あなたはもうすでに、ペルソナ設定のワークにより、理想のお客さまが見えています。ではこの50万円を売り上げるためにはどうすればいいでしょうか？

やり方はいくらでもあります。

たとえば月に50万円を一人、もしくは一社で払ってくれるお客さまを顧客にする方法。5万円払ってくれるお客さまを10人集める方法。もしくは一人1万円を払ってくれるお客さまを50人集める方法。これはあなたが決めるところです。

ここが決まると、お客さま一人あたりの客単価と必要人数が見えてきますよね。ここからわ

かるように、商品設計をする中で、何においても必要なのは、まず、

「あなたが月（もしくは年間）にいくら売り上げたいのか？」

という数字的なゴールを明確にすることなのです。

ここをしっかりと決めないと、どんぶり勘定になってしまい、ビジネスが安定しなくなってしまいます。何をおいてもまずは、この金額を設定することが肝なのです。

これは普通の会社を経営している社長たちが当たり前のようにやっていることなのですが、パーソナルビジネスで起業しようとする人たちは、ここをどこかふわっとさせたまま、理想だけでビジネスを始めようとする傾向にあるのが不思議なところです。

「プラス思考で考えればなんとかなる」という話ではありません。ビジネスにおけるプラス思考というのは、最低限、必要な売上金額をしっかりと設定し、そのあとに「いくら売るぞ！」と売上を伸ばしていく段階で使う考え方なのです。

現在、企業向けのいろいろなセミナーやビジネススクールが次々と生まれてきています。こ

れは一人で起業をしたい人が増えていますから当然のことなのですが、このスクールの受講料もさまざまです。月々数千円のものから、数百万円を超える高額セミナーと呼ばれるものまで、そのレンジは多様化しています。

どこを選ぶかはもちろん個人の自由ですが、まず初めにやることは、**「その投資をどうやって回収するのか？」**という資金計画です。

そこをせずに「いい勉強になった」と精神的部分だけで満足していたら、お金は飛ぶようになくなり、負債、つまり借金ばかりが積み重なっていきます。これはとても怖いことです。

投資したぶんをいかに回収するのかを考えることは、一般企業ベースで言えば呼吸をするくらい当たり前のことなのです。

しっかりと回収できるかを逆算すれば、あなたがその学びにいくらかけられるか、上限金額を決定できるはずです。

投資は必ず回収するもの、もっとわかりやすく言えば、しっかりと「元を取る」という考え方を、まずは身につけましょう。

無料と1円の間には、天と地ほどの開きがある

パーソナル、つまり個人での起業を考えている方のコンサルティングをしている中で、一番多く出てくる悩み、それが「お金をもらうことに抵抗がある」というものです。

少し厳しい言い方になるかもしれませんが、お金をもらわずに商品を相手に渡すという行為は、ビジネスではなくボランティアです。

ここで1つお断りしておきますが、プロとしてやっている人たちでも、たまに無料で商品を提供する場合もあります。しかし、これはあくまで、そのあとに売るものを準備しているからできる行為であって、それはボランティアではなく1つの宣伝広告の投資のようなものです。しっかりと回収計画をつくっているからこそ、それができるのです。

起業したての人がまず初めにやるべきことは、まずは「1円を売り上げること」です。

無料と1円はわずかな差のように見えますが、この2つの間には大きな差があります。1円だろうが10円だろうが、お金をいただくということがビジネスの始まりなのです。知識や知恵を売るパーソナルビジネス。これは一見おいしい仕事のように見えますが、そんなに甘いものではありません。目に見える商品を売るほうが、ある意味よほど簡単な場合もあります。いまでこそ私もビジネスとしてこの分野でいくらか売上を上げることができるようになりましたが、最初の頃はとても自分の中に抵抗感があり、苦労しました。

恥をさらすようですが、そのときのエピソードも含め、お話しさせていただきます。

「形のないものを売る」ということに対する恐怖感

何度も書いてきましたが、私は1パック400円のたこ焼きを売る商売から始めました。当時は会社にする体力などなかったため、まずは個人商店からスタートしました。個人商店といえばまだ聞こえはいいですが、その内容は、20代の部活、もしくはサークルのようなノリでした。「とりあえずたこ焼きを売れば、あとはすべてＯＫ。なんとかなる！」というような感じだったと思います。しっかりとした計画もなく、その日の気分だけで生きていました。いま思えば、よくあれで潰れなかったものだと、我ながら感心します。若いからこそ持てた無謀さと勢いのおかげでしょう。

そんな私が本格的にお金を意識し始めたのは、２年後の「陽なた家本店」というダイニングをつくってからだと思います。投資金額は４０００万円。それを10年で回収するという計画でゼロから建物を建てました。まあ、なんとかかんとかその投資は回収できたのですが、その過程で運よく出版や講演、そして店に来てくれる若者対象のコーチングや、経営で困っている人向けのコンサルティングという、新しいビジネスをサイドで始めることができました。

しかし、このサイドビジネスをスタートした時点で、私にとっての大きな壁が立ちはだかっていたのです。私たちがそれまで売ってきたものは、あくまで飲食に関するモノ。たこ焼きは４００円、生ビールは５００円とわかりやすく値付けできるものだったので、そこに関しては、何の抵抗もなくお金をいただいていました。

しかし出版に関しては出版社からいただける印税という明確な収入があるものの、それ以外の**講演やコーチング、コンサルティングという目に見えない商品に関しては、いくらいただいたらいいのか、まったくわからなくなってしまったのです。**

これは私だけでなく、実業の経営者によくありがちなことだと知ったのは、のちになってからでした。モノを媒体としてビジネスをしてきた人は、知恵や知識といった目に見えないモノを売るとなったときに、その価格設定がわからなくなってしまうのです。

結果的にそのとき私が選んだ方法は「全部無料」というものでした。

お金をもらえない「いい人」は、いますぐ卒業しなさい

「俺は飲食で利益を出しているからいいんだ」と、来る日も来る日も誰かの悩みと向き合う毎日を、30歳から数年間過ごしてきました。

呼んでいただける講演も無料のときもあれば、思わぬ謝礼をいただけることもありました。

しかし、コーチングやコンサル（そのときはそんな言葉をほとんどと言っていいほど知らなかったので、私たちの店では『人生相談』と言っていました）は、自分のお店だから無料。

お客さまに私の分の飲み物をご注文いただいたときは伝票につけることに決めていましたが、お金のない若い人のときは、私の分はお店持ちにしていました。

その姿はわかりやすく例えると、気前よくご飯を大盛りにして人生相談に乗る食堂のおばちゃんのような感じだったと思います。

もっと激しいときになると、お店が終わるまで相談を聞いて、それでも解決しないとなると、スタッフも含めそのお客さまをどこかに飲みに連れていき、そのすべてを私が支払っていました。お客さまからいただいた飲食代が４０００円。そして私が飲み代に使った支払いが2万円。こんなことはざらにありました。

いま振り返っても、一体何をやっていたんだろうと、当時の自分がバカバカしくなります。ビジネスなんてまったく呼べない状態でした。「よし、今日も徳を積んだ」などと言って、お金をいただくことに対する恐怖をごまかし、自分を納得させていたのだと思います。

そんなとき、中津で大きなお米屋さんを経営していた、私の尊敬する藤本照雅さんという社長から、会社に呼び出されてこう聞かれました。

「茂久、あの人生相談コーナーは、お金をちゃんともらってるのか？」

「いえ、1円ももらってません」

「あほか。おまえそんなことに時間を使ってるんなら、現場に入って皿でも洗え！」

私は自分の心の奥を見透かされたようで、何も言えなくなってしまいました。

そんな私に社長はこう続けました。

「あのな、おまえがそうやってボランティアをしてる間に、おまえのところの社員たちは一生懸命働いてるんだよな。そんな自分の見栄だか何だか知らないことに時間を使ってるくらいなら、それをビジネスにして売上を全額スタッフたちに配れ」

私は逃げ出したくなりました。藤本社長はさらに続けました。

「おまえがやってることは、その相手にとってもまったく役に立ってないよ」

「なぜですか？　けっこう喜んでもらってますけど……」

「ビジネスってな、両方が得しないものは役に立たないんだよ。無料は無料の価値しかないよ。いまのおまえは単なる便利屋さん」

ここで少しイラっとして私は何らかの反論をした記憶があります。

しかし、最後に藤本社長に聞かれました。

「おまえ、お金もらうの怖いんだろ？」

「……はい。じつはそうなんです」

「あのな、自分の見栄とか恐怖が原因でビジネスにしないものは、結果として悪になりやすいんだよ。おまえがいくらいいことをやってるつもりでもな」


そのときは凹《へこ》んでふてくされて帰りましたが、のちにその社長が言っていた言葉が理解できるようになりました。コンサルティングという仕事を始めて、当時の私のコピーのような人たちがたくさんいることで、だんだんわかってきたのです。

初期設定を間違えると、あとが大変になる

「社長、いまさらやめることなんかできません。けっこう予約もらってるんです」

私がそう言うと、ため息をついてこう答えました。

「仕方ねえな。メニューつくってやるから、次からこれもらえ」

社長は紙にメニューを走り書きしました。そこにはこう書いていました。

・相談料1時間5000円

「高っ！　こんなにもらえませんよ」

「じゃあ断れ」

「いや、いまさらそれは……」

「ちゃんともらって、全部スタッフたちのボーナスにしろ。いいか、わかったか」

そこから社長の言いつけの、お金をいただく実践ワークが始まりました。

しかし、言えたとしても、5人のうち1人に恐る恐るそのメニューを出すというのが精一杯でした。ここらへんでそろそろ終わりにしますが、私のメンター業の始まりはこんな感じでした。それくらいお金をいただくことに抵抗感があったのです。

人間関係は、初期設定で関係の9割が決まります。

私が最初に無料で相談を受けた人にとって、私の位置付けは「無料で相談を聞いてくれる人」という設定になります。これは相手に責任があるのではなく、最初にそういうやり方をした私自身に責任があるのです。「ごめん、やっぱりビジネスにすることにしたんだ。だから今度からは1回5000円ちょうだいね」といくら丁寧に言ったとしても、おそらくその人が、あなたのお客さまになる確率は限りなく低いでしょう。

しかし、その人が本当に困って他のコンサルタントに相談を頼むときは、料金提示を見て、その金額を払うでしょう。

それは、初期設定がビジネスを基盤にした関係だからです。
それくらいビジネス上の人間関係において初期設定というものは大切なものなのです。

ビジネスにおける愛とは？

清水《きよみず》の舞台から飛び降りるつもりで、私の恥ずかしい過去を告白してきました。その中からさらにあなたにお伝えしたいことがあります。

ビジネスにおける「愛」。それは「メニュー作成」です。価格を提示したメニューをしっかりと準備しておくということは、ある意味でお客さまに対する配慮なのです。

昔、江戸の寿司屋は「時価」というメニュー提案をしていました。これも1つの文化なのかもしれませんが、見方を変えると、これはある意味で残酷な仕組みです。

もちろん背景に「粋」を追求する江戸の文化があったのかもしれませんが、よほどのお金持ち以外は、会計をするまで落ち着いて寿司を食べることができません。

それならば、先に「大トロ一貫2000円」と具体的に書いてくれていたほうが気楽です。客として頼む側も選択肢を与えられたことになります。頼むか頼まないかを決めることができるのです。

とくに、商品が目に見えないサービス業を始める人は、ここを念頭に置いて価格を設定することが大切です。たとえば、あなたのコンサルティングが1時間1万円なのか、10万円なのか、それとも100万円なのか、決めるのはあなた自身です。それに見合ったものを提供することが当然の義務になりますが、目に見えないものは値段設定がとても繊細です。

いずれにせよ、モノを販売しようが、目に見えない幸福を提供しようが、そこにしっかりと値付けをすることが大切なのです。ただ、この目に見えない商品は、人によって価値観が大きく違います。ホームページでどーんと価格を打ち出しましょう、という話ではありません。

もし、あなたが本当にそのサービスを求める人を探したいのであれば、ホームページにお問

い合わせ窓口をつくって、そこに来た人にしっかりと価格を説明して、そこからご検討いただくというスタイルもありだと思います。そのほうが、冷やかしのお客さまを防ぐこともできますので、かえって安全な場合もあります。

私がここでお伝えしたいのは、サービスの購入を決める決定権を持ったお客さまに対して、事前にしっかりとその金額を提案することが大切だということなのです。

その場合、口頭だけでなく、しっかりとメールでやり取りに残したり、あらかじめ契約書を準備しておくのも、その後のトラブルを防ぐ方法になるでしょう。メニューは愛なのです。

迷ったら、いっそのこと周りの人に価格を決めてもらおう

自分の価値を上げたい。でも価格設定には抵抗がある。このジレンマを解消する方法があります。それは人に決めてもらうことです。ただし、これはいろいろな人にリサーチするという

ことではありません。もともとお金に対する価値観は人によって違います。メンターやコンサルティングを必要としていない人にとっては1000円でも高いと感じますし、逆にこの必要性を理解し、そして求めている人にとっては10万円でも安いと感じることもあります。

価格設定には3つの順序があります。

まず1つめは、あなたが理想とする同業者の価格をリサーチすることです。

いくら目には見えないとは言っても、すでにビジネスのプロがやっていることには根拠があります。数人調べてみるとわかることですが、大幅な違いはありません。そこをまず参考にしてみることから始めましょう。

2つめは、あなたのペルソナに近い人が、どのラインを求めているのかを調べること。

もしそういう人たちが近くにいたら、実際に聞いてみることも1つの方法でしょう。あなたのペルソナから外れている人を意識しすぎると、価格決定において思わぬ回り道になることがあります。あなたが必要としているのは、いろんな価値観を持った多くの人たちではありません。絞り込んだペルソナです。ここをしっかりと意識してリサーチを進めていきましょう。

そして3つめは、この分野はプロのコンサルや、すでにそのビジネスについて熟知した人に

相談して、一緒に決めてもらうことです。

その道のプロは自身もいろいろな経験をしてきていますし、実際にたくさんのお客さまの悩みを聞いてきているはずです。おそらくあなたの悩みも想定内のことでしょう。

私はずっと大切にしている言葉があります。

それは幼い頃に父からもらった「登った人に道を聞け」という言葉です。登り方や落とし穴、注意点をよく熟知している人に聞くことが、成功への最短距離だという意味です。

ビジネスを始めたときに、多くの人が引っかかる原因となるもの。それがお金をいただくという罪悪感です。この罪悪感を取り払うためにも、プロの太鼓判をもらうことは、あなたにとって大きな力になります。

「周りの人が決めてくれたから」

「あの先生が背中を押してくれたから」

という、いわゆる自分への言い訳も、あなたの罪悪感を取り払ってくれます。この思いを持って起業に臨むのです。

この自信はある程度お金をかけてでも手に入れることが大切です。ビジネスは心構え、つまりメンタルが8割、やり方が2割だと、私は思っています。

価格を設定するときに覚えておくべきこと

100万円だったら高くて、1万円だったら安い。これはプライシング（価格設定）をするときに、多くの人に共通する考え方ですが、うまくいく人はこの考え方をしません。

では、どう考えるのでしょうか？

100万円でも安いと感じるものもあれば、1万円でも高いと感じてしまうものもある

と考えるのです。

この章の最初にお伝えしましたが、ビジネスにまず大切なのは、お客さまのメリットです。

ですから「この商品を購入したお客さまが、どれくらいの利益を手にできるのか？」を考えてプライシングするのです。

目に見えないサービスを仕事にする人にとって、最も覚えておくべきことは、「相手が手にする結果や体験がすべて」だということです。

さて、ではこれを具体的に考えてみましょう。

あなたが1年で100万円のビジネスコンサルティングをしたとしましょう。

ビジネスのやり方や考え方、メンタルトレーニングやチームビルディングやブランディング、いろいろなことを通して、そのお客さまの手にした利益が100万円伸びたとします。

この場合、あなたのもたらした利益は投資と差し引きでゼロという計算になります。

もし、500万円の利益の伸びがあった場合、あなたに頼むことによって相手が手にした利益は400万円ということになります。これは相手にとって大きな収穫でしょう。

逆に年間10万円でビジネスコンサルティングをしたとします。

相対的に価格を見ると安いということになりますが、実際に相手が手にした利益が1万円だったら、あなたは相手にとって9万円の損を与えたことになります。
この場合はいくら売値が安かったとしても、相手にとっては「高い、もったいないことをしたな」という気持ちが出てきてしまいます。

大切なのは売値ではなく、相手の満足度なのです。

100万円でも安く感じるものもあれば、10万円でも高くなるものがある、ということをしっかりと覚えておきましょう。
あなたは、相手にどれだけの利益をコミットできますか？

感動の公式

私たちのお店、陽なた家を始めとする飲食店グループでは、むやみに価格は下げず、そのプラスアルファの目に見えない非効率なことに徹底的に力を入れてきました。手間こそかかりますが、お金はかかりません。ここを「手がかかるから」と手抜きして、ただ低価格だけで勝負していたら、いまの私たちはなかったと思います。

そのスタイルを貫いていく中で、ふと振り返ってみたときに、「非効率の追求」こそが、感動の条件であると気づいたのです。

人はお金を払ってサービスを受けます。価格に対して期待以下だった場合クレームになります。価格に対して想定通りだった場合、可もなく不可もないサービスと捉えられます。価格に対して、それ以上のサービスをもらえたとき、その期待値を上回ったぶんだけ、感動のレベルは大きくなります。

10期待して、そのメリットが5だったときは、感動レベルはマイナス5。10期待してメリットが10だったときはゼロ。10期待してメリットが20だったらプラス10。

これを公式にするとこうなります。

感動＝利益（メリット）－期待値

この数字がプラスで大きくなればなるほど、相手の感動も大きくなります。そしてこの感動は、意外にも目に見えない部分のサービスで生まれることがほとんどです。

温かい声をかけてくれたとか、笑顔でうなずいて親身に話を聞いてくれたとか、誕生日を覚えていてくれたとか、出迎えと見送りをきちんとしてくれたなど、そうした些細なプラスアルファの、非効率に見える部分だったりします。そして人は、感動すればするほど誰かにあなたのことを話します。すると口コミが広がり、紹介やリピートが起きます。

「非効率→感動→口コミ→紹介→リピート→そして、また非効率を徹底する」

このサイクルを繰り返していけば、あなたは相手にとって価値の高い存在になります。非効率の部分を徹底する人は多くはありません。だからこそ敵が少ないのです。これがあなただけが考えたオリジナルのサービスであれば、自動的にあなたはオンリーワンの存在になります。

これは海辺で一人でビーチフラッグをするようなものです。勝率は100パーセント。そしてそのサービスが希少価値であればあるほど、あなたはブランドになっていくのです。

そうなっていくと、相手にとって価格の優先度はどんどん下がっていきます。

価格より価値。価値に重きを置いて勝負したほうが楽なことは明確なのです。

価格ではなく「価値」で勝負する時代

20世紀中盤、日本は戦争に負け、焼け野原になりました。すべてがゼロになったと言っても過言ではないでしょう。

しかし、そのすべてを失った日本の先人たちは、終戦から20年も経たずに東京オリンピックを開催し、東京タワーの建設、新幹線の開通を始めとする急速な復興を遂げ、そして日本を高度経済成長へと突入させていきました。

戦後という時代は、笑いごとではなく、「あのころの夢は、白ご飯をお腹いっぱい食べることだった」という方がたくさんいます。やがてその戦後を終え、１９５０年代後半から経済は右肩上がりになり、カラーテレビ、自動車、クーラー、その他生活を豊かにするモノを手に入れることが、その時代、最も価値があることだと、変化していきました。

「いいものをより安く」という言葉が、この時代を代表する言葉でした。

何よりも大切なこと、それは、「価格」だったのです。

しかし20世紀の終盤、バブルの崩壊とインターネットの登場により、その価値観は大きく変わっていきました。人が豊かに暮らすための道具は一通り出揃い、モノに対する欲求が薄れてきたのです。

すでにあるものを人はさらには求めません。ある程度の欲求が満たされてしまうと、人間の欲求は当然、次のステージに上がっていきます。

「いいものをより安く」という時代から、「無駄な消費をやめて、そのぶん価値の高いものや、価値の高い経験にお金を払う」時代になったのです。

これはすべてとは言い切れませんが、多くの商品の購買決定の理由が「価格」から「価値」に変わってきた、と言い換えることもできるでしょう。

この章を通して、あなたにお伝えしたい大切なことがあります。それは、

「価格競争という難しい海に、わざわざ飛び込むのはやめにしませんか？」

ということです。

価格で競争した場合、それがモノを売るビジネスの分野であろうが、体験や成功といった目に見えないサービスの分野であろうが、絶対に大手には勝てません。基本的な資金力が違うからです。この本はパーソナルブランドビジネス専門の本なので、その分野を目指す人に向けて書かせていただいていますが、低価格をウリにビジネスをスタートさせるのは、自分自身を削っていくのと同じことなので、賛成できません。

私はコンサルティングを通して、これから起業する人のプライシングに関しては、わざと高

めの金額を設定するようにお勧めしています。どんなに下げてもそれがパーソナルブランディングに結びつくことはないからです。

ビジネスでお客さまに提供できるものは、目に見えるお金だけではありません。目に見えない精神的なサービスやチャンスも、提供できるものです。

たとえば、なかなか成果が出ない人への親身な指導や声かけ、もしくは体験を通した新しい気づき、お客さまの未来を大きく開くことになる人脈提供など、プラスアルファの目に見えないものも、あなたができる大きなサービスです。

メンター業を始めとする教育産業やエステの施術などという価値観型ビジネスは、満足度を相手の心で測られやすいビジネスなので、相手の結果や感動が大きなシェアを占めるのです。

価格は真剣度のバロメーター

価格で勝負しない、もしくは高価格のサービスを選ぶことで得られる、あなたのメリットをもっと追求していきましょう。

コーチやコンサル業などの「何かを教える仕事」が一番わかりやすいので、この分野で考えてみます。

学びの分野は、お客さまの本気度が明確に出やすい分野だと言えます。誤解を恐れずに言わせていただくと、**金額が高ければ高いほどお客さまの本気度は高まります。**自分の成長にお金をかける人にとっては、金額が高ければ高いほど「この価格設定には必ず意味がある。いいに違いない。よし、しっかり学んで支払ったぶんを取り返そう」と本気になるのです。

もちろんこれは、先ほどからお伝えしているように結果に対してのコミットが必要になるという前提条件がつきます。ただ高いだけで何の価値も利益も渡せなかったら、それこそクレームの嵐になりますから、あくまでそこは外さずに考えてください。

さまざまな方の自己成長や、自己実現をお手伝いする仕事に従事してきた経験の中でわかることがあります。それは、

距離が遠ければ遠い人ほど、もしくは近くても環境的に学びに行くことが困難であればある人ほど、情熱的に学ぶ傾向にある

ということです。

これは、困難であればあるほど価値が高まると思いがちな、人間の心理によるものなのでしょう。

両親に反対されて逆に燃え上がるカップル、手が届かない価値を何とか手に入れようとする実業家、どんな犠牲を払っても宝を探しに出かける冒険家。これと同じ状態になるのです。

人が生きていく中で、お金というものはとても大切なものです。お金を払うということは、痛みを伴います。その痛みというリスクが高まれば高まるほど、人が本気になるのは当たり前のこと。簡単に手に入らないからこそ、一生懸命になるのです。

先ほども書きましたが、あなたが50万円を売り上げる方法は無限大にあります。50万円払って来てくれるお客さまを1人限定で決める方法。5万円で来てくれるお客さまを10人集める方法。5000円で来てくれるお客さまを100人集める方法。選択は自由です。

しかし、価格が高く少人数になればなるほど、あなたがそのお客さまにかける時間は多くなり、同時に経費も少なくなりますから利益も出ます。何よりも、双方の真剣度が増しますから、結果も出やすくなるのです。

お客を選べ!!

たこ焼き屋から商売を始めたので、意外に思われることが多いのですが、私は大学を卒業して初めて就職した会社が、東京・六本木にある「(株)オフィス2020」という、流通経済専門の出版社でした。

この会社の代表であり編集長であった流通ジャーナリストの緒方知行先生という方が、同じ中津出身ということでご縁をいただき、そのまま入社させてもらったのです。

この緒方先生は、ずっとこの「価値を高めること」について、全国の商人たちに啓発をしていました。その緒方先生がいつもこう言っていました。

「お客を選べ!!」

この言葉がタイトルとなって、そのまま出版されることになり（緒方知行著　ダイヤモンド社刊）、私も人生で初めて出版のお手伝いさせていただきました。

残念ながら、緒方先生は3年前に亡くなってしまいましたが、いま私がこうして本を書かせてもらっているのも、このときの経験が大きなベースになっていると思います。

いただいたものは、次の誰かに手渡すもの。ですからこの本を通しても私はあなたに「お客を選びましょう」とお伝えします。

価格比較ばかりするお客さまにはご遠慮願いましょう。

こう言うとお客さまに怒られるかもしれませんが、私にとっていま一番大切なのは、この本をこうして読んでくださるあなたです。

あなたの成功が一番大切です。

あなたにとっていいお客さまは、あなたの価値をしっかりと認めてくれる人です。

私もこの価格設定という分野に関しては、自分の中にある強烈なメンタルブロックを外すのにとても時間がかかりましたが、周りの方の指導や応援で乗り越えてきました。

自分にとってのお客さまが誰なのかがはっきりとするまでは、いろいろなことがありました。低価格でたくさんのお客さまを集めようと躍起《やっき》になったこともありました。

しかし先ほど言ったように、価格は本気度と比例します。価格型でとにかく安くやっていたときは、心が折れそうになることもたくさんありました。お客さまにドタキャンされたり、お金の回収ができなかったり、架空の申し込みをされたり、平然と遅刻をされたりしました。

しかし思い切って高価格に踏み切ると、その悩みはほとんどなくなりました。来てくれるお客さまのタイプや真剣度が変わったのです。当然私自身も真剣度が変わりました。

そして同時に、もう1つ気づいたことがありました。

その真剣なお客さまの周りには、同じように真剣で、学びに対する大きな価値観を持っている人がいる

ということです。

私のコンサルティング事業は、ありがたいことにお客さまの紹介によってどんどん広がっていきました。そしてご紹介いただいた方も、その紹介者の方と価値観がよく似ているのです。

「波長の法則」というものがあります。考え方や価値観、そして使う言葉、志、社会的ポジションが似通った人たちというのは、どんどん引き寄せ合っていきます。

逆にこの部分が合わない人というのは、どうしても離れていってしまいます。

そして最後にもう1つ気がついたこと。

それは、

高価格を払って真剣に学んでくださった方であればあるほど、な

ぜか感謝してくれる傾向にある

ということです。

もちろんすべての人がそうとは言い切れませんが、これはあなたも覚えておいて損はないと思います。

必ず体験を通してご理解いただけると確信しています。

勇気を持って価格を上げることで、すべてがうまく回り出す

価格設定はとても大切なことです。

しかし、なかなか本で書きにくいことだからでしょうか、もしくは受け入れられにくい分野の話だからでしょうか、価格についてとことん書かれた本はあまりありません。勇気を出して

思いのままに書いてみましたが、最後にもう1つ覚えておいてほしい大切なことがあります。

それは、

価格設定の際、自分の財布で価格を決めるのはやめましょう

ということです。

あくまでペルソナにそって金額を決めてください。

あなたがしっかりと学び、しっかり結果を出せると自信を持てるプログラムを手にしたのであれば、年収1億円の人を対象にしてもいいのです。

世の中の人の価値観はいろいろです。

お金を払うということに痛みを感じる人もいれば、ヴィトンなどのブランド品を買えることに幸せを感じる人もいるのです。

世の中にはいろんなブランドショップやブランド企業、そしてインフルエンサーがいます。

こういう方の多くは、最初に安売りをするのではなく、なるべく高価格を設定し、商品の制

作原価にお金をかけ、お客さまを選び、絞り込み、そしてその人たちの成長や感動に向けて、よりよいサービスを提案しようと自分自身や会社を磨き続けて大きくなったのです。しっかりとお客さまと向き合い、信頼を勝ち取ることにより、やがて人から「少々高くても、あの人に頼もう」と言われるようになったのです。安易に低価格に流れるより、このほうがあなた自身も、いい緊張感を持てるようになります。

同時にしっかりと利益を出すことによって、パートナー会社や手伝ってくれる仲間たちにより多くの仕事のチャンスや、より多くの報酬を渡していくことができるようになります。そしてお客さまにより喜ばれることができるようになります。

あなたの周りにいるという誇り、それが周りの人にとっての大きな価値になるのです。

影響力を高めてインフルエンサーになる。このためにも、お金についてしっかりと学び、考えるということが大切なのです。

Chapter
5

メンターに選ばれる人が、次世代のインフルエンサーになる

Mentor

影響力を持つための一番の早道

ここまで、あなたに影響力を手にしていただくための条件を書いてきました。

この章ではあなたの進む道を明るく照らしてくれ、そしてあなたが最短距離でインフルエンサーになるための、最も大切な存在について書きたいと思います。

あなたが影響力を持つための一番の早道。それは、

いいメンターについて、指導と影響を受けること

です。

メンターとは簡単にまとめると、あなたの現在地をしっかりと客観的に把握し、ゴールへの

最短距離を逆算し、その過程において、必要なアドバイスを的確にしてくれる人のことです。

世の中で結果を出している人の共通点は、超一流のメンターを持っているということです。

これはあなたのコーチやコンサル、もしくは会社の社長、先輩経営者、セミナー講師、講演活動家、好きな本の著者など、人によってさまざまです。

では、まず「どんな人をメンターにするといいのか？」についてお伝えしていきます。

「一番うまくいっていて、一番憧れの人」を真似る

メンターはあなたの理想像と言ってもいいでしょう。

「この人のようになりたい」と思えることが何よりの条件です。

しかし、あなたの人生の中にはいろいろなエレメントがあります。

仕事、生き方や考え方、所得、趣味、パートナーシップ、住む場所など。それぞれを考えて

いくと、それぞれの分野のメンターが頭に思い浮かぶと思います。

生き方がかっこよくて憧れる人がいれば、生き方の分野では、その人に影響を受けるでしょう。ライフスタイルの分野ではこの人、パートナーシップではこの人というように、さまざまな人が思い浮かぶかもしれません。しかしこの本では、ビジネスにおけるインフルエンサーを志すあなたに向けて書いています。ですから、できれば仕事の上で同業の人、もしくはその分野に限りなく近い人をメンターにするのが理想です。

コーチ、コンサルを目指している人は、その分野のブランドパーソン。美容師であればカリスマ美容師や尊敬する美容サロン経営者といったところです。

第2章であなたの仕事については明確になっているはずなので、そこを探すことはそれほど難しいことではないと思います。

さて、心の中で設定できたでしょうか？

ではその設定をイメージしながら進めます。

「あなたを伸ばしてくれるメンター」、5つの条件

「メンターを選ぶ」というと、言い方が正しいのかどうかはわかりませんが、まずあなたがどんなメンターから学ぶのかを明確にすることが大切です。まずはここでつまずかないことです。どんな人を師と仰ぐのか、設定段階ではあなたに選択権があります。

メンターについて5つの条件をまとめてみましたので、紹介します。

① その分野でしっかりとビジネスをして、成功している人

その分野でビジネスを確立している人というのは、あなたに大きなメリットをくれます。どういうふうにビジネスを立ち上げてきたのか？　どんなことに悩み、どう乗り越えてきたのか？　どんな落とし穴があるのか？　など、ほぼすべてについて精通しているはずです。こ

の「しっかりとビジネスにしている」というところがキモになります。いくらあなたが憧れている人だとしても、そのメンターがしっかりとビジネスにせず趣味の範疇でやっているのだとしたら、あなたもメンターに似た方法を選択することになるから。なぜか？　その理由は、

影響力は、弱いほうが強いほうに〝染められて〟いく

という法則があるからです。

近くで学ぶならなおさらのことですが、めったに会えない人だったとしても、その人のスタイルを学んでいくことによって、影響力というのは自然にうつってくるものなのです。

東京にずっと住むと標準語になり、関西にいけば自然と関西弁になっていくように、だんだん染まっていきます。ですからそのメンターのビジネススタイルをしっかりと観察することが、あなたの未来を決めていくと言っても過言ではありません。

②　現役であること

次に覚えておくべきこと。あなたが理想とするべきなのは、「自分がいちばん憧れて、いま現在も現役でうまくいっている人」です。

かつてうまくいっていた人でも、現役を外れると、勘は衰えていくものです。

現役のメンターといえど1人のビジネスパーソン。とくに現役であればまだまだ上を目指している過程のはずです。成長と言ってもいろんな過程があります。ある程度の成功は必要ですが、すでに大家と呼ばれる人は、あまりにもあなたと距離が遠すぎる場合があります。

それともう1つ、もう完成されている人は、あまりにも遠くまでたどり着いてしまっているため、スタート地点の頃のことを忘れてしまっている可能性もあります。

逆にいま現役の人というのは、それなりの距離を歩いてきてはいますが、大家よりもあなたに近い存在であるため、実践的なことを教えてくれる人が多いと思います。起業時やスタートし始めのときは、いかに具体的に学べるかがキーポイントになるのです。

③ 価格設定があなたの理想であること

前章で価格設定についてお話しさせていただきました。このメンタルブロックを簡単に外してくれるのも、このメンターの存在です。

私が見てきた成功者に、価格設定に関する考え方のことをリサーチしていくと、「**その人のメンターがビジネスで提示していた金額に近いものになっている**」という傾向があります。

100万円の商品を売っているメンターの近くで学ぶと、そのお弟子さんも100万円に近い価格設定をすることに、それほど抵抗感がなくなるというケースが多いのです。

これも影響力の強い人の考え方に染まっていくということを考えると自然なことです。そのメンターの近くで学ぶことにより、その方法を踏襲《とうしゅう》していくことが当たり前になるのです。

また、そのメンターのところに学びに来ているお客さまにも触れていくことになり、その人たちの考え方にも同時に触れることになります。ですから、メンターのビジネスの価格設定の部分はしっかりとチェックしておいて損はないと思います。

④ 運のいい人であること

「運がいい」

この言葉はビジネスにおいては抽象的になるかもしれませんが、成功者でこの「運」を口にしたり、目に見えない運の存在を大切にしている人は少なくありません。
ここで「運がいい」ということをできる限り具体的に説明するとすれば、

「いま勢いに乗っているか？　その分野で売れているか？」

と言い換えることができます。運は勢いのいいところに集まります。勢いがいいということは、多くの人に受け入れられているということですから、つまりはいまの時代にマッチしているということです。大企業が隆盛を誇った時代があれば、いまのようにパーソナルが注目される時代があるように、その時代に必要とされるものがあります。
いずれにせよ「売れている」ということは、１つの明確な目印にはなると思います。

⑤　愛がある人

これは、あなたのことを考え、しっかりと向き合ってくれる人ということです。ビジネスはその過程の中で、落とし穴に落ちたり大波が来たりすることもあります。そこを乗り越えていく強さをあなたに身につけさせるためには、ただ褒めてくれるだけの人は、あなたに対して本気で向き合ってくれているのかどうか疑問符がつきます。

いいメンターは、ときには耳の痛いことを言ってくれたり、あなたにしっかりとした実績に基づく自信をつけさせるためにも、あえて酷な課題を投げかけてくることもあるでしょう。

もちろんこれはそのメンターの性格によって表現のしかたが違います。厳しいことを言いながらも、しっかりと見守ってくれるタイプ。いつも褒めてくれはするものの、そのトレーニング内容はとても厳しいものを提示するタイプ。どっちにしても、あなたを伸ばすために本気であるということが、大切なポイントになることは間違いありません。

メンターとの接触頻度の高さが、あなたをブランドにする

世の中にはさまざまな習いごとがあります。スポーツ、武道、華道や書道……。そしてビジ

ネスの分野でメンターに弟子入りするということも、ある種の習いごとと言えます。

この習いごとの中で、伸びる人に共通する特徴があります。それは、

メンターとの接触頻度が高い

ということです。メンターとの距離が近い人ほどうまくいくのです。

あなたの習いごと経験を振り返ってみてください。結果を出した人の多くは、指導者の近くにいた人ではないでしょうか？

何の分野でもそうなのですが、才能やセンスは大きな武器です。しかし、いくら才能があったとしても、メンターにいつも反発していたり、組織のルールを守らずに、自分勝手な行動をしてばかりいると、いずれはそのメンターの組織の中では外されてしまいます。

メンターの近くにいることでなぜ磨かれるのか、それにはしっかりとした根拠があります。

まずメンターというのは、いまの時点ではあなたよりずっと影響力も実力も持っているでしょう。そのメンターの周りには、当然それと同じレベルの人が集まっています。これは類は友

を呼ぶという波長の法則を考えれば当然のことです。

私は出版社時代、緒方先生のかばん持ちをさせてもらっていたのですが、仕事上、先生の周りには日本を代表する、テレビで見かけるような経営者たちがいつも集まってきていました。

そうなると、軽い会話自体が当時の私にとっては、もうすでにセミナーです。それだけで自分の枠をはるかに超えた人たちの考え方を自然と聞けるという状態でした。

メンターの近くにいると、その情報に触れる機会が格段に増えます。それと同時に、あなたのセルフイメージも自然と上がっていきます。

ほかにも利点があります。メンターの近くにいるということは、自然とメンターからものを頼まれる機会が増えるはずです。それに期待以上に応えていくことで、メンターから気に入られ、あなたのところにチャンスが巡ってくる確率は上がります。

そして最後に、メンターの近くにいる人が伸びる最大の理由。それは先ほどからお伝えしている「影響力がうつる」という法則にあります。近くにいるだけで、そのメンターの考え方や思考回路、口癖や行動パターンがうつってきます。

こうして、どの世界においても、メンターの近くにいる人は自然と鍛えられ、そして強くなっていくのです。ある意味、こんなに楽な成長の方法は他にはありません。メンターの近くにいる。これだけであなたは大きな成長を手にしていくのです。

インフルエンサーに対する大きな誤解

「メンターとの接触頻度を高めましょう」

講演やセミナー、コンサルティングを通してこうお伝えすると、多くの人から「それはよくわかるんですが、どうやったら近くに行けるんですか？」と質問されます。

この疑問についてお答えします。

多くの人が、成功者についてこのようなイメージを持っています。それは「成功者は忙しいから、自分なんかが飛び込もうとしても、うまくいかない」というもの。

私の経験では100人中、99人はそう考えているのではないかと思っています。

では考えてみてください。メンターの懐に飛び込むというアクションを起こす人は、たった1人ということになります。行動する人が限りなく少ないということは、裏を返せばチャンスです。だって1人しかいないのですから。

私は仕事柄、いろいろなインフルエンサーとお話しさせていただくことが多いですが、意外と暇そうにしている人が多いです。「いろんな人が寄ってきませんか?」と質問をすると、

「いや、意外と来ないものですよ。なんか忙しそうに思われてしまっているみたいで」

と、笑いながら答える人は少なくありません。

「高嶺の花」という言葉があります。文字通り、手が届かない人と思い込まれているということです。

これに似た話で、いまの世の中「美人あまり」という現象が起きていることはご存じでしょうか? これは婚活のコンサルタントをしている友人から聞いたキーワードです。婚活パーテ

イーをすると、「なぜあなたに相手がいないいんですか?」と聞きたくなるような人が、結構いるそうです。性格が悪いかというとそうでもなく、ストライクゾーンが狭いのかというとそうでもない。

では原因は何かというと、「言い寄ってくる人がいない」ということだそうです。

そう考えると、チャンスはあなたが思っているよりもはるかに多いのです。

婚活とメンターとを並べてみましたが、私は同じ理屈だと思います。ほんのちょっとの勇気を出すだけで、あなたは99%のその他大勢から、一歩抜け出すことができるのです。

もし仮にうまくいかなくても、それはあなたの貴重なネタになります。

「あなた、あそこに突っ込んでいったんですか?」と周りが驚くようなことを、人生で一度や二度くらいは挑戦してみてもバチは当たりません。ダメで元々と思っていれば、そんなに傷つくことはありません。

逆にもしそれでうまくいったら、そのリターンは多大なものになるでしょう。

まさに虎穴に入らずんば虎子を得ず、です。

影響力のある人の口コミ

メンターは、あなたの成功にとってまちがいなくヘッドピンになります。このインフルエンサーが「あなたを応援します」と認定を出してくれるということは、あなたにその人の影響力をいきなり上乗せされるということになります。

以前は企業名が権威としてその人のブランドになっていましたが、いまの時代はこの影響力がかなり個人に移ってきています。ユーチューバーやカリスマブロガー、SNSインフルエンサーたちを広告塔として、直接的にオファーをかける企業も出てきました。

もちろんあなた自身の努力が大切なことは言うまでもありませんが、これからの時代、あなたがどれくらいメンターというインフルエンサーに応援してもらえるのかは、影響力を獲得する上でとても重要なことになります。ということは、あなたがメンターに認めてもらえるかどうかということが、あなたの未来の大きな分岐点となるのです。

しかし、同時に覚えておくべきことがあります。それは、

メンターも、感情を持った一人の人間である

ということです。

あなたが人を応援するときとはどんなときでしょうか？　もちろんいろいろなケースがあるとは思いますが、最も大きな要因は「その人を好きかどうか」でしょう。

どんな立派なメンターでも心はあります。

そして恐らくこのメンターたちも誰かに助けてもらったり、支えてもらったりしながら、人一倍努力を積み重ねて、いまの位置まで上ってきた人たちだと思います。

当然、誰を弟子として選ぶのかという点に関しては、しっかりとジャッジしています。ここからはメンターに選ばれる人になるにはどうすればいいのかを、共に考えていきましょう。

メンターから
選ばれる人の条件
その1

メンターの気持ちを理解できるか？

私はこの本を書くにあたり、約3年間、30名を超えるメンター業を仕事にされている有名な方に、「どんな人を応援したくなるのか？」ということについてインタビューをしてきました。

そのインタビューを通してわかったことが、先ほど言った「好きかどうか」が一番の本音ということでした。

もちろん「一生懸命」とか「意欲がある」とか「周りのことを考えている」とか、他にもいろいろな要素はありますが、そのすべてを総括して凝縮したときに、結局は、

「『あいつは、かわいいやつだ』と思えるかどうか」

が、キーになるということなのです。

「私はいろんなメンターのところに勉強に行き、いまも皆さんからかわいがってもらっています！」ということをウリにしている人を見かけることがあります。勉強家なのは素晴らしいことですが、そういう人を見ると、「あ、この人は成功しないだろうな」と思います。

想像してみてください。あなたがヨガの先生をしているとしましょう。

もしあなたの生徒の中に、同時にほかのヨガ教室を掛け持ちして、「あっちのヨガ教室ではこう習っている」といつも口にする人がいたら、どんな気分でしょうか？

「それは本人の選択だからいいんじゃない？」と心から言える人は結構ですが、実際はそれを堂々と言われるとやりにくいものです。「よし、この子を一人前に育て上げよう」とは決して思わないでしょう。

たとえばその人がパソコン学校に通っていたとしたら、それは別分野ですからとくに気にはしないとは思いますが、同業のヨガ教室だと、微妙な違和感があるはずです。

さらに例を挙げましょう。

あなたが個人でエステサロンを経営しているとして、そこにいつも通ってくれている友人が

「この前、あそこのエステサロンの回数券買ったんだけど」とニコニコしながら言ってきたら、あなたはうれしいでしょうか？　もちろん選択権はお客さまにありますから、他店にいくことは仕方ありません。しかし堂々と言われると、残念な気分になると思います。これは心が広いとか狭いとかの問題ではなく、人間として当たり前の感情です。

メンターも同じです。

自分一人に絞り込んでいる生徒と、フラフラ別の人に学びに行っている人とでは、メンターの相手に対する熱意は変わります。表に出すか出さないかの違いはあったとしても。

「何が悪いの。そんなの自由じゃん」と思う人もいるかもしれません。もちろん自由です。

しかし、私がお伝えしたいのは、**「せめて、学ぶ先生に対して、多少の配慮は必要ではないですか？」**ということです。わざわざ同業者の話をする必要もないでしょう。

どの組織でも、メンターを一人に絞っている人のほうが引き上げられやすいのには、もう1つ理由があります。

それは、メンター側の他の生徒への配慮です。自分のところで一生懸命学んでくれている人と、掛け持ちをしている人を同等に扱うということも、ある意味不公平になるのです。

ここは学ぶ側もしっかりと理解して、腰を据えることが大切だと思います。

メンターから選ばれる人の条件
その2

メンターに花を持たせることができる人間であるか？

これもとても大切なことですが、あまり表立って言われない部分なので書きます。

若い頃や起業したての頃というのは、とくに「自分、自分」が出やすくなります。起業をしようという人は、それくらいのエネルギーを持っていないとやっていけない部分もありますから、これも仕方のないことかもしれません。

しかし、人は一人で生きているわけではありません。「おかげさま」という感謝の気持ちがあってこそ、進歩や成功があるのです。

私は講演やセミナー講師の台本をつくるコンサルティングもしていますが、まずその人の過去の講演やセミナーの音声を、事前に聞かせてもらうところからスタートします。

ここでもうまくいく人といかない人には決定的な違いがあります。

うまくいく人は、話の中のいいタイミングでメンターの教えを入れたり、失敗した自分のエピソードを盛り込んだりできている

ということです。

もちろん計画的にその手法を使う人もいますが、天然でやっている人のほうが多いような気がします。とにかく「この教えのおかげで」という感謝の言葉が多いのです。

そして始まりと終わりに、来てくれたお客さまと、その場所をつくってくれた人に対する感謝をしっかりと伝えているのです。

うまくいかない人は、もうおわかりだと思います。

とにかく話の中心が全部「自分」なのです。自分が何をやってきた、自分ががんばって乗り越えた、自分が自分が……ばかり。

もちろんエピソードが豊富であれば、その話は楽しいものにはなるかもしれません。しかし、一流と呼ばれる人には通用しません。

その人たちが見ているのは、「その人の話の内容」よりも「その人のあり方」なのです。

自分の手柄を話すのは気持ちのいいものです。まるで自分が英雄になったかのような気分になります。どうしてもそうなってしまう気持ちもよくわかります。しかし、ここでもうちょっと大きな意味での損得を考えてみましょう。

人に何かを伝える立場になっても、人はずっと修業中です。ただ、ある程度うまくいくと、人はどうしても感謝を忘れがちになり、つい自分よがりの表現をしてしまいがちになります。「これは自分がやったんだ」とアピールしたくなるのです。

しかし、最初にお伝えした通り、影響力の中で人が一番求めているものはメリットです。「この話は、自分にどんな得があるのか？」という部分です。

とくにあなたが若ければ若いほど、残念ながら説得力に欠けてしまいます。

どんなことをやったのかも人は見ますが、齢を重ねたから得ることができる影響力というのも実際にはあります。若さゆえに、「この歳で、えらそうなことを言いやがって」と捉えられてしまうこともあるのです。

そんなとき、話の中でどうしても伝えなければいけないことがあったとしたらどうしたらいいのでしょうか？　答えは簡単。その場合はメンターから教えてもらったという設定にして伝えればいいのです。

あなたが教えを説くのではなく、あなたが体験を通して人に大切なことを伝えるメッセンジャーになればいいのです。これをできるようになると、あなたの価値はさらに上がります。

メンターから選ばれる人の条件
その3

メンターの影響力をうまく使えるか？

「メンターから教えてもらった話をしたら、自分の価値が下がって、メンターばかりが光るのでは？」と恐れを感じる人もいます。

しかし、決してそんなことはありません。相手はあなたの話を聞きにきているからです。

もちろん、あなた自身の話とうまく織り交ぜるというバランスは大切ですが、**メンターから**

聞いた話を上手に人に伝えていくということは、メンターの影響力をあなたの力に乗せるということなのです。学んだエピソードを上手に伝えられるようになればなるほど、あなたの影響力は上がっていきます。ここができるかどうかを、メンターはしっかりと見ています。

なぜ、教えてもらった話を相手にうまく伝えることが大切なことなのか？　それはもちろんメンターに対する礼儀もありますが、もう1つは、そうすることによって聞く相手の人生がよくなっていくからです。ここをしっかりと考えることができるかどうかというところを、メンターに見られているのです。

こんな話を聞いたことがあります。ある勉強会の話です。

この勉強会は出版やセミナーを主に学ぶ機関で、参加者の男女比は半々だそうです。

参加者の中で、結果として出版やセミナーのオファーが多いのは、圧倒的に女性だそうです。

私もその勉強会に誘っていただき、オブザーバーとして後ろで参加させていただいたことがあるのですが、それほどエネルギー的に男女の差があるとは感じませんでした。

その後の食事会で、私はその会の主宰であるメンターと話をする機会があったので、なぜそんなに偏りがあるのかを聞いてみると、意外な答えが返ってきました。

それは女性のほうが男性に比べて「我」が強くないからという理由でした。

そのメンターは男性で、そんなに口数の多い方ではありませんでしたが、興味深かったので、もう少し突っ込んで話を聞くと、静かに、そして謙虚にこう言いました。

「男性はね、本能的に誰も自分が一番になりたいと願う生き物なんですよ。ですから、どうしても自分の話ばかりに重きを置く傾向があるんです。私に対する『負けたくない』という感情があるのかもしれません。私も男ですからよくわかるんです」

確かに。私も男なので、その気持ちはわかると思いながら興味津々で聞いていました。

「しかし、女性はあまりそういうタイプは多くないんです。どちらかというと私の話を他人にすることに生きがいを感じているタイプの方が多いような気がします。それを推奨するわけではないんですが、どうしてもこの組織は、私を中心に集まってきている人が多いので、出版社もセミナーを聞きに来る人も、私に関する話をする女性のほうに、自動的に惹き寄せられてい

くんです」

目から鱗でした。そういう観点でチャンスを捉えたことがなかったからです。

男女の違いというと誤解が出るかもしれませんが、確かに男性は本能的に社会的競争因子を持って生まれてきています。ですから、自分というものを押し出していきたくなるのです。

しかし長い目で見たら、そのメンターの元で学んでいるときは、そのメンターに関することを徹底的に話すのが一番得策です。メンターのことを魅力的に話すことができる人は必ず頭角を現し、影響力を手にすることができると私は思っています。

メンターから選ばれる人の条件 その4

「メンターの言えないことを代弁できるか？」

続きになるかもしれませんが、メンターの気持ちを代弁できる人は、必ずうまくいきます。

人は立場が上がっていくと、どうしても言えないことが増えてしまいます。

先ほどのメンターでも、「私のことを魅力的に話しなさい」などと自分の口で言ってしまうと、まるで強制的に言わせているようで、おかしな構図になってしまいます。

しかし、そのメンターを支える立場の人が、そこにいる人たちに同じことを提案すれば、周囲も賛同して組織がうまく機能していきます。そして発展していきます。

それは結果的にメンターにとっても喜ばしいことなのです。

自力で人に何かを伝えるところまで上ってきたメンターは、とにかく関わってくれる人たちの幸せを祈るものです。「もう自分はある程度満足しているから」くらいのゆとりと余裕がないと、人を導いていくことは難しいでしょう。その上で、教え子を育成していくのです。

もし自分だけがまだ上っていきたいのであれば、次世代を育てるなどということをせず、自分だけでやっていたほうがよっぽど気楽ですから。

「自分、自分、自分」の時期を過ぎ、本当に学びにきている人がどうやったらよくなるかを真剣に考えている人だからこそ、人が集まる素晴らしいメンターになっているのです。

しかし、そのレベルまで行ったからこそ、自分で言えないことも増えてきます。

ですから、メンターの気持ちを的確に理解し、そして代わりに周りに伝えていくことができる人のことをメンターが放っておくわけがありません。

これができれば、その人は自然と引き上げられていくでしょう。

メンターから選ばれる人の条件 その5
安定感があるか？

「学びに対する安定感」も重要な条件です。

人はどうしても感情的に波があります。気分が乗らないときや、学びたくないときもあります。明確な理由があれば別ですが、多くの場合「なんとなく気分が乗らない」のです。

これが学生の頃であれば、さぼっていても先生が心配してくれたり、声をかけてくれたりすることもあるでしょうが、社会に出てからの学びは完全に自主性を求められます。

つまりその気分は、自分自身でコントロールしていく必要があるということです。誰かがわざわざ気を遣って導いてくれるものではありません。

まずは、最初からそれほど力まずに、しかし定期的に学びに足を運ぶことが大切なことだと思います。かくいう私も若い頃はかなりムラがあるタイプでした。

あるときは集中して何度も足を運んでみたかと思えば、いっときするとなんとなく連絡を怠ってしまい、またふらっと顔を出す……そんな感じでした。

それを受け入れてくださるメンターもいましたが、ときには「いまさら何をしにきた？」という空気に接して馴染めなくなり、自然と足が遠のいてしまったケースもあります。

そのときは私もふてくされたりもしましたが、だんだん歳を重ねるにつれ、それはすべて自分の責任だということに気がつきました。

私は人生も学びも、結果的には真面目な人が成功すると思っています。

真面目さは宝です。「真面目だね」と言われることに抵抗感を持つ人がいるので説明しますが、真面目には2種類あります。

1つめは、自分が思い込んだことをひたすら信じ込んで融通が利かなくなる真面目さ。これを「石頭」と呼びます。

そして2つめは、いつも謙虚に学び、相手の考え方を理解し、柔軟に取り込んでいく真面目さ。これは「誠実」と言います。

男性でも女性でも、誠実な人は必ずチャンスに恵まれます。そしてメンターが大切にするのも当然このタイプです。あるときは熱病にかかったようにメンターを敬い、そして熱が冷めると一気に引いていく。もしその兆候がある人は、いったん力を抜いてみるのも1つの方法だと思います。最初はスローに、そして安定的に長く学び続けることが、選ばれる人になる条件なのではないでしょうか。

メンターから選ばれる人の条件
その6

社会的節度のある関係性をつくれるか？

メンターたちにインタビューをしていく中で、一人の若いコンサルの方から、面白いことを聞きました。その方を仮名で田中さんということにします。

田中さんは、どんなに年上のクライアントにも、自分のことを「田中先生」と呼ばせています。「そう呼べない人は相手にしない」とまで言っていました。

私もいまでこそ「先生」と呼ばれる機会が増え、だいぶ慣れてはきましたが、すこし前まで、たくさんの人から「しげにい」と呼ばれていたので、田中さんのこの徹底ぶりがすごいなと思い、田中さんにそう伝えました。すると、

「あえてそう呼んでもらっているんです。不思議なんですが、先生と呼ぶ人のほうが、圧倒的に結果を出すので」

と、田中さんはあっさりと答えました。

あまり表立って言われませんが、呼び方というのは、大きな影響力を持っています。

私も本格的にメンター業を始めてからというもの、この呼び方の威力を感じることがしばしばあります。現在、私の塾は立ち上げてまだ1年半。最初のうちは塾をつくる以前と同様に、「しげにい」と塾生たちからも呼ばれていました。私個人は、その呼ばれ方がとても気に入っ

ていたのですが、ある日、「永松先生」と呼ぶ人が出てきました。

そのとき、「先生はイヤだから、しげにいのままでいこう」と提案したことを、メンター業の先輩経営者に言うと、その先輩からこっぴどく怒られました。それは、

「なぜその生徒の敬意と覚悟を、おまえ自身の照れと不慣れさゆえに、断ったのか？」

ということでした。

そうやって断るのは、私自身がまだメンターとしての覚悟ができていないということだ、と厳しく指摘されたのです。そこから、しぶしぶ「先生」と呼ばれることに慣れる練習をしていったのですが、そこで気がついたのです。田中さんの言う通り、「先生」と呼ぶ人と、それまで通りの「しげにい」と呼ぶ人との間に、大きな意識の溝が生まれたのです。

そこから2～3ヵ月でほとんどが「先生」と呼ぶようになりました。

人間は初期設定で変わると書きましたが、このときほどその初期設定を切り替えていく難しさを痛感したことはあまりありませんでした。そこから私は、呼び方や言葉遣いに対して深く

意識をするようになり、あることに気がつきました。それは、

元々がどんな間柄であれ、社会においては呼び方をしっかりと整え、そして守っている人たちの組織のほうが、この日本では人が伸びる可能性が高い

ということです。

もちろんこれに異を唱える人もいるでしょう。ラフでフラットな呼び方のほうが、組織自体が堅苦しくなく、自由で若々しくいられると感じる人もいると思います。

しかし、ここで考えてみましょう。

たとえば2代で会社の経営をやっている親子がいます。役職は社長と専務。もちろんスタッフたちは「社長」「専務」と呼んでいます。ここでその息子だけが「お父さん」と呼んでいる姿を想像してみてください。家族的な雰囲気があっていいかもしれませんが、おそらく他の会社の人が見ると、その息子も、そしてそう呼ばせている父親のほうも、一人前の社会人としては甘いと思われるのではないでしょうか？

もちろん家に帰ればそれは「お父さん」でいいと思います。しかし、一歩社会に出たときはしっかりと切り替える関係性のほうが、私はかっこいいと思います。

これは「節度」という観点もあるのですが、ここをしっかりとしている間柄というのは、大人としての自覚や成熟度を感じます。組織人としての本気さが周囲に伝わるのです。

もちろん呼び方が堅苦しくても、家族的な雰囲気を出すことは十分可能です。そう考えると、最初に「先生なんて呼ばれるのはなんか恥ずかしいから、いままで通りいこう」と言っていた私のほうが、生徒たちよりよっぽど子どもだったのだと反省しています。

結果的に「先生」と呼ぶことにより、学ぶ側自身の意識が大きく変わりました。それくらい呼び方と言葉遣いは大きな影響力を持っています。

現在、実業家や塾生でメンター業を始める人のコンサルティングで、この「呼び方の初期設定」は必ずやっています。**ここを設定するのは、主にメンター側のためではなく、学ぶ側の人のマインドセットのためなのです。**

日本の組織内ではもともと、役職名で呼ぶ文化があります。最近は西洋文化の影響で、フラット型組織が奨励される風潮にありますが、私は日本の先人がずっと大切にしてきた「礼」の文化にはしっかりとした意味と根拠があると思っています。

呼び方を整えることで、学ぶ意識が自然と整っていくのです。呼び方は覚悟です。メンターによって独自のスタイルがありますので、すべてこれが正しいとは限りませんが、「呼び方が意識を変える」ということだけは、しっかりと覚えておいて損はありません。

あなたはメンターのことをどう呼んでいますか？

メンターから選ばれる人の条件
その7

何人に伝える力を持っているのか？

自分で影響力を手に入れてインフルエンサーになったメンターたちは、常に次世代のメンターの卵たちを探しています。それには、私は3つの理由があると思っています。

1つは、自分のビジネスの繁栄を目指すため。これはあって当たり前です。

2つめは、次世代に伝えることによって、自分の大切にしてきた思いが後世に残るという達成感を得るため。メンターたちは、次世代への伝承をもって、自分のやってきたことが初めて完成すると知っているのです。

そして3つめが、世の中の幸福の拡大のためです。彼らは自分が学び、そして時代に合わせてつくってきた哲学を広げることによって、幸福が広がると信じているからこそ、メンター業をやっているのです。

もちろん、ただ広げればいいというものではありませんが、広がらないということは、それを知らない人を幸せにできないということになります。ですから、やはり伝えてくれる人、広げてくれる人、そして継承してくれる人の存在は絶対に大切なのです。

では、メンターはどんなところを見て、継承できる人かどうかを判断しているのか?

それは、

「その人に託すことによって、どれだけの人に広がっていくだろうか?」

というところです。

学びを自分自身のためだけで止めてしまう人と、自分の体験を通して人に伝えようとしている人は、同じ学びをしていても成長率が違います。

「誰かに伝えたい」と思って学んでいる人は、吸収力が違うのです。

どんなビジネスにおいても「伝導」は大切です。

このことを重要視しないと、もしその人が独り立ちしたとしても、ビジネスはうまくいきません。メンターはあなたがどれだけ多くの人をワクワクさせ、そして巻き込むことができるのか、をしっかりと見ています。

「そんなの人数じゃない、質だ」と言う方もいるとは思いますが、圧倒的な質は、圧倒的な数の中から生まれます。

メンターにとっての有望な次世代のヘッドピンになりましょう。

メンターから選ばれる人の条件 その8

恩と感謝を忘れない人であるか？

さて、ここまでメンターから選ばれる人の条件を書いてきましたが、メンターへのインタビューの中で一番多く出た回答を最後に書きます。

それは「感謝の気持ちがあるかどうか？」です。

感謝。この言葉は当たり前に言われすぎて、逆にその存在の重要性を見失ってしまうことが多々あります。しかし、メンターたちが最も見ているのは、このポイントです。これから影響力を引き継いでいくあなたとすれば、避けて通ることができません。

メンターへのインタビューから導き出した感謝について、結論を言います。

「いつかメンターを超える」と言っている人は、まずほとんどの確率でメンターを超えること

はできません。

「三尺下がって師の影を踏まず」という言葉があります。

これは先生に学び、従っていくときは、弟子は三尺（約1メートル）下がって、先生の影を踏まないようにしなければいけない。先生を尊敬して、礼儀を失わないように心がけるべきである、という意味の言葉です。**先生、つまりメンターは、学ぶ側にとって追い越す存在ではなく、敬意を表し、意志を継ぐ存在なのです。**

たとえば、維新志士の結束の固い師弟関係で有名な、松下村塾や勝海舟の海軍塾。メンターである吉田松陰のもとで学んだ高杉晋作が「俺は吉田松陰を超えるんだ」と言っていたり、坂本龍馬が「俺は勝海舟を超えた」と言っている姿は、想像しただけで残念です。周りからすれば「よかったね、それで？」となってしまいます。

「親を超えた」「師匠を超えた」というのは、そもそも自分で言うことではありません。周りが判断することです。

結果として弟子が師匠を超えたと社会が認めたとしても、「自分があるのは師匠のおかげです。

師匠を超えることなど一生できません」と言える人だからこそ、美しいのです。

あなたのメンターは「自分を追い越していけ」と言うでしょう。それは師匠の愛です。

しかし、それを真に受けて「はい、必ず超えてやりますから」などと口にするようでは、永遠に周りの応援を受けることはできません。若い頃ならともかく、歳をとってそう公言していると、「なんて感謝の念がない人だ」と思われるのがオチです。

「師匠は弟子の成長を願い、弟子は永遠に師匠を尊敬する」

これが美しいあり方だと思います。どうせならあなたがインフルエンサーになり、大きな影響力を持ったとき、その影響力を持って師匠をもっと上に押し上げるくらいの気概を持っていれば、それが最高の恩返しになります。

よきメンターと出会うことであなたは、知識、人脈、チャンスなど、さまざまなものを手に入れるでしょう。そう考えたら、メンターはあなたの人生の一番の応援団です。

ここに感謝の気持ちを忘れず、しっかりと人としての筋道を通し、少しでもその恩に報いようと努力する。これができる人こそが、メンターから選ばれ、その影響力を継承し、次世代のインフルエンサーになっていくのです。

Chapter

6

本を書こう。その夢をあきらめる必要など、まったくない

Publishing

出版は自己実現の最高峰

ここまで、影響力を高めるための具体的な方法と考え方を書いてきました。

この章が、本書の中であなたにとって最も伝えたいメッセージです。というより、ここまでお話ししてきたことは、この章を伝えるために書いたと言っても過言ではありません。

この本を通して、あなたに一番伝えたいこと。

それは、「あなたの影響力を形にしよう」ということです。

影響力を高め、あなたをブランドにする手段、それは「出版」です。

出版こそが、芸能人やテレビタレントではない、一般の私たちが達成できる、自己実現の最高の形だと思っています。この本を通して、あなたに出版の世界への招待をしたいのです。

「そんなこと言ったって、素人が本を書くなんて不可能だし、現実味がないよ」という声をいろいろなところで聞きますが、私はこの言葉を断固として否定します。

あなた自身がその気になり、自分自身をしっかりと信じ、そしてしっかりとしたセオリーを踏みさえすれば、必ず本は出版できます。

メンター業であるコーチ、コンサル、セミナー講師。もちろんこれらの仕事も大きな影響力を持つものですが、本の存在ほど向かい合うお客さまにとって影響力が高いものはありません。信頼性、使いやすさ、繰り返しの利便性、どれをとっても本がダントツです。

そしてこれは信頼度という面で、最も大きな影響力を発揮します。

「こんな本を出されています」と紹介された瞬間、「あ、なんかすごい人なんだな」と、たいていは思ってもらえるということは、簡単に想像ができると思います。

まず、本を出すためには大きく2つの方法があることを知っていただきたいと思います。

1つは自費出版。これは書く人が出版社にお金を払って出してもらう方法です。たとえば会社の創立周年記念や、自分が生きてきた証を残したいときなど、個人的なことをまとめたい場合に、この自費出版の方法を取る人は少なくありません。しかし、この自費出版の本が書店にずらっと並ぶという確率はほとんどありません。あくまで記念本の位置付けだと考えてください。

もう1つが商業出版。これは出版社の編集者がオファーをかけたり、もしくは著者本人が企画書を提出し、出版社の企画会議で合格をもらった上で、著者と編集者で本をつくり、営業がプロモーションをかけて、全国の書店に並べていくというスタイルの出版です。

私がお勧めするのは、こちらの商業出版のスタイルです。

本書の最初にあげた影響力の公式を覚えていますか？

「影響力＝メリット×権威×実績×憧れ×好感度」

この1つひとつのメモリを高め、自分自身を知り、そしてお客さまを知ることができれば、必ず出版はできます。いえ、もっと言えば、このすべてが揃わなくても、あなたは出版できます。

ほとんどの人が無理だと思っているからこそ、競争率が下がり、チャンスを手にしやすい分野なのです。

出版で得られるメリットとは？

ではここで、出版のメリットをいくつか挙げてみましょう。

メリット①「机とパソコンさえあれば、好きな時間で、どこでも仕事ができる」

本を出す人の仕事のメインは執筆作業です。いまは昔のように原稿用紙に向かってカリカリと手書きするスタイルではなく、ほとんどの著者がパソコンを使います。執筆において必要なものは、パソコンと机だけ。その気になれば、海外にいても、近所のカフェでも、お気に入りの場所で書くことができます。しかも時間はあなたのペースでOKです。

サービス業であれば、当然お客さまが目の前にいることがメインになりますので、相手の時間や都合に合わせることが大切になりますが、本を書くのはあなたの空いた時間でできます。

主婦でもサラリーマンでも、いまの職種はまったく関係ありません。

メリット②「情報を一番多く届けられる」

本は著者のあなたと読者のマンツーマンの会話です。もちろんセミナーや講演も聴く側からすれば、発信するあなた一人に集中しますが、あなた自身はたくさんの人と向き合うことが必要になります。ですから講演はマンツーマンというわけにはいきません。

コーチングやコンサルはマンツーマンではありますが、その契約時間内に本の1冊分をレクチャーするということは情報量的に不可能です。1冊の本をまともにレクチャーしたら、どれだけハイピッチでやったとしても、おそらく10時間くらいはかかるでしょう。伝えられる情報量が最も多いのが本なのです。

メリット③「長く向き合えるから、影響力大」

1冊を読むのがだいたい2時間とすると、それは映画1本くらいの時間になります。しかし映画はいろいろな登場人物が登場して成り立つものなので、影響力が分散します。しかし、本のメッセンジャー役はあなた一人です（共著は除く）。

ですから読者にとって、あなたの影響力はとても大きなものになります。おそらく本ほど長い時間相手と向き合い、そして相手の心の占有率を広げていけるものは、他にはないでしょう。

メリット④「自分自身の頭を整理でき、テキストができる」

本を書くことは、あなたの頭の中を目に見える文字に落とす作業です。書くことによって、ふだんあなたの頭の中でぼんやりとしていた成功の法則が明確になります。そして本1冊を書き上げるということは、情報量的にもセミナー数本分の分量を生み出すことになります。逆の目線で考えれば、それはセミナーの台本をつくり上げるのと同じということになります。本を書くことで、同時にあなたはセミナー講師としての力量を身につけることができるのです。

メリット⑤「本を書くことで学び方が変わる」

人は不思議なものです。ただ目的なく学んでいくのと、目的を明確にして学んでいくのとでは、結果に大きく差が出てきます。これが出版という、何万人の人たちに伝えていくという目的が定まると、当然ですがあなたの物事に対する見方や捉え方が変わります。「読む側」から「書く側」、つまり「学ぶ側」の目線から「教える側」の目線に変わるのです。当然あなたの知識は膨大にふくらんでいきます。

メリット⑥「残る」

当然ですが、本は紙でつくられます。現在、電子書籍も増えてきていますが、私はまだ当分は本の時代は終わらないと思っています。書物として形になるということは、次世代、つまりあなたの子どもや孫の代まで残すことができます。私も本を書くときは、2人の息子に残すつもりで書いています。そうすることで、知恵を次世代に残すことができます。ときを超えてあなたの生き方や考え方が継承されていくのです。

メリット⑦「同志を集められる」

本は言葉の集合体です。言葉はエネルギーです。エネルギーは同じエネルギーを引き寄せます。つまり、あなたが発信することと同じことを考えている人たちが、集まってきます。ある意味、本を出版するということは、あなたと同じことを考えている人たちに向けて「同じ思いの人、集合！」というメッセージを送るようなものです。本を出版することで、同志が集められるのです。

メリット⑧「同業者との出会いが増える」

出版業界はその他の事業と比べ、業界人同士、仲がいいという特徴があります。ビジネスでいうところの同業者が、この業界ではライバルではなく、共に世の中をよくしていく仲間であるという意識が強いのです。ですから、著者や編集者としての集まりが多く、情報交換の機会も多く、著者同士が新しい出版社の編集者を紹介し合うことも少なくはありません。

本を出すと、あなたは出版人ということになります。あなたが憧れて、影響を受けたいと願うベストセラー著者と出会える可能性も、必然的に大きく広がっていきます。

メリット⑨「離れた人にも恩返しができる」

本は主に、全国の書店で展開されます。そして書店にはたくさんの人たちが毎日やってきます。たまたま行った書店にあなたの本があった場合、遠く離れてご無沙汰の人に「自分は元気でやっています」と本を通して伝えることができるのです。

あなたが成長して元気にがんばっている姿を見せることを通して、お世話になった人にお礼をすることができます。私も出版を通して、お世話になった方たちと、再びご縁を復活させてもらえる機会にたくさん恵まれました。

メリット⑩「周りが喜ぶ」

あなたが出版をすることで一番喜んでくれるのは、それまであなたを応援してくれた両親や会社関係者、そして親戚や友人など、近くにいてくれた人です。自分の身近な存在であるあなたが本を書いたということは、周りの人にとっても誇りになります。あなたが子どもにとって「うちの親は本を書いている人」ということになると、それだけでも大きな誇りになります。出版も1つの出世の形です。あなたが書いた本が書店に並ぶということは、それだけ多くの人に喜びを与えることにつながっていくのです。

メリット⑪「関連の仕事が増える」

本を書くと、いろいろな仕事が連鎖して生まれます。講演に呼ばれたり、セミナーにたくさんの人が集まったり、コーチングを受けたいという依頼が来たり、実際にあなたの事業の取引先が増えたりと、相乗効果が生まれます。本を生み出すことは、ただ紙に文章を載せるというだけではなく、他の仕事を同時に生み出すことにつながっていくのです。

メリット⑫「人を導きやすくなる」

本を出版するということは、イコールあなたの影響力を向上させるということです。

「あの人の言うことなら」という信頼を手にしやすくなるのです。しかも、あなたの本を読んであなたのところに来てくれた人は、すでにあなたの考え方をしっかりと理解していますし、あなたのファンになっていますので、当然あなたの言葉をしっかりと受け入れてくれます。

「あの先生を信じて、ついていこう」という人たちを、あなたはしっかりと導いていけるようになるのです。

出版は「いまやっていることの延長線上にある」と知る

「そんな簡単に言ったって、本を書くのは難しい」と思われる方は少なくはありません。しかし、あなたが思っているよりずっと、本を書くということは作業的には簡単です。

あなたは何らかの形で自分の思いを発信したことはありますか？　ブログやフェイスブック、なんでも結構です。現在、ＳＮＳが発展し、多くの人がスマホで自分の考えを発信していくようになりました。その中に、私たち著述業に従事している立場から見ても、素晴らしい文章を書いている人はたくさんいます。「何でこの人、本を書いていないんだろう？」と思うレベルの人もたくさんいます。その理由は簡単。「本を書くなんて雲の上の出来事」と、ほとんどの人たちが勝手に思い込んでいるからなのです。

本というものは分量の制限があります。ページ数はある程度決まっています。簡単にお伝えすると、文字数の少ない本で、5万字くらい。スタイルによっては3万字で本になってしまうことだってあります。ある程度読み応えのある本で7万字前後といったところでしょうか。かなりぎっしり書き込んでいる本で10万字前後。そのレンジはさまざまです。

ここで5万字をモデルに考えてみましょう。

5万字モデルの本は大きく5つから6つくらいの単位で構成されます。これを「章」として分けます。そしてその中に章を構成する小さな項目があります。これを「小見出し」と言います。1つの小見出しごとに載せる文字量はだいたい1000文字くらいがベストでしょう。おそらく一生懸命力を入れてブログを書いている人は、一度に800から1000文字くらいは普通に書いています。

そう考えると、

「1000文字×50本＝5万字」

これで1冊が完成します。ブログで50本の話を書いたら、本にできてしまうのです。本当に伝えたいことがある人であれば、1000文字程度は1時間もあれば書くことができるようになります。

私は出版のプロを目指す人たち向けの講座もおこなっています。

その中では、どんなに時間をかけても30分以内で1000文字を書き上げることを目標にしてもらっていますが、このゾーンを簡単にクリアできるようになる人は少なくありません。

仮に1時間1000文字をベースにして考えてみましょう。

5万字＝1000文字×50時間。この計算が簡単に成り立ちます。50時間であれば、1日1時間書いたとしても、約2ヵ月でクリアすることになります。

しかし2ヵ月も執筆にかけていたら、最初に書いたことを忘れてしまう可能性があるので、1本あたりにかける時間を30分にして、1日2本を目指して訓練していくのです。

この「1時間あたり何本書けるか?」を意識しながら訓練してみてください。

ブログと本を書くことに大きな違いはありません。5万字の本1冊を書くということを砕いていくと、それほど作業としては難しいことではないのです。

タイトルの力

これまで約30冊ほど本を書かせていただいてきた中で思うことがあります。それは、**本を書くということより、いいタイトルを探し当てることのほうがずっと難しい**ということです。逆にいいタイトルを見つけさえすれば、それだけで読者だけでなく、出版社の編集者に目に留めてもらうチャンスが大きくなります。

あなたがふらっと書店さんに行ったとしましょう。書店にはところ狭しと本が並んでいます。ずらっと棚を見る中で、あなたはまず何を目にしますか？　もうおわかりですよね。その本のタイトルです。ほとんどの場合、タイトル、そして次に装丁（表紙などのデザインのこと）が気になって手にするはずです。もちろん著者名を見ることもありますが、それはすでにあなたが名前を知っていて、ファンになっている人でしょう。

しかし、著者がすでに有名で売れている人というのは、ビジネス書の中ではほんの一握りです。本を手にする場合は「タイトルが9割」と言っても過言ではありません。

ではどんなタイトルが目に留まることが多いのでしょうか？

答えを言います。それは、

「読む側にとって、一発でメリットがわかるタイトル」

です。この本の前半で何度もお伝えしてきたように、人はまず初めにメリットを求めます。どんな人が書いたのか、その実績は、という部分を見るのはそのあとです。

パッと見て、自分にとってメリットがあるとわかるキーフレーズ。これが大切なのです。

念のためお伝えしておきますが、この章はあくまでビジネス書や自己啓発書、メンタル書に絞ってお伝えしています。

なぜかというと、メンター業はこの分野の専門家だからです。

たとえば小説などはビジネス書ほどタイトルを詳しく書きません。あくまでそれはエンターテイメントとしての位置付けだからです。

しかし、ビジネス書系の本は、とにかくわかりやすさとメリットを重視されます。「いかに一目でわかるか」を真剣に考えることが大切なのです。

そしてここでもう1つ覚えておくことがあります。それは、

できるかぎりハードルを下げる

ということです。これがいいことか悪いことかはわかりませんが、「簡単そう」「お手軽」と思われるタイトルのほうが手に取られやすいことだけは確かです。

ハードルが高そうなタイトルは、著者名がかなり売れていたり、その分野で意識の高い人たち向けに書いている本なので、それはすでに何冊も本を出し、ブランドになっている人に任せましょう。

ここで「できるかぎりハードルを下げてわかりやすく」をポイントにして、実際に、簡単なタイトル例を挙げてみましょう。

『自分をブランドにする7つのステップ』

←メリットは？

7つやるだけでブランドになれる

『感情を知ればすべてうまくいく』

←メリットは？

人間関係が良くなる

『「なんとなく気分が乗らない」を簡単に乗り越える本』

←メリットは？

読めば気分が乗る

『笑っちゃうほど儲かる人になる方法』
←メリットは?
笑えるほど儲けることができる

『いい男が選びたくなる女性の条件』
←メリットは?
いい男にモテる

『本を書いて講演する方法』
←メリットは?
出版や講演ができる

『効果のないセミナーでお金を捨てないコツ』

←メリットは？

いいセミナーを見分けることができる

『コーチングを副業にして年収1000万円を稼ぐ方法』

←メリットは？

コーチングという副業で1000万円稼げる

読者はとにかく自分のメリットを求めています。

そのメリット部分をしっかりとフォローできれば、初めての著書でもベストセラーを目指すことはそんなに難しいことではないのです。

まずは楽しみながら、読者の心を一瞬で動かすタイトルを考えてみてください。

似たような本が多いところに、出版のチャンスがある

本書の冒頭でも述べましたが、自己啓発の分野のビジネス規模が9000億円を超えたとニュースになりました。そんな時代背景とともに、書店でも「自己啓発」のコーナーが広がっています。とくに最近の特徴としては、女性向けの自己啓発のコーナーが目立っています。

これだけいろいろな数の本が出ていると「自分の入っていく隙はない」と考えてしまいがちですが、これはじつは逆。それだけ求めている人が増えているのだと考えるべきです。

たとえばあなたが女性コーチだったとしましょう。

あなたがふだんお客さまに打ち出している商品が「パートナーシップコミュニケーション」、

つまり恋人や旦那さんといったパートナーと、仲良くやっていく方法だったとします。

たしかにパートナーシップに関する本はたくさん出ていますが、この分野、恋愛やそれにまつわる美容の話などは、女性にとって永遠の課題です。欲求がなくなることはありません。

そこに出版のチャンスがあります。キラッと光るタイトルをしっかりと提示できれば、必ずチャンスはあるのです。よくこんな言葉を耳にします。

「いろんな本が出ているけど、結局みんな言うことは同じ」

はい、これは当たり前のことです。いまの時代、よほどのことがない限り人が新しく発見する価値観などはありません。つまりほとんどが出尽くしているのです。

その中で、どうタイトルを磨き、どう表現するかが大切なのです。

私が懇意にしている編集者歴25年の、ある編集者がこんなことを言っていました。

「8割は他の本と同じでいい。個性を入れるのは残りの2割」

なるほどと思いました。いくら50本の小見出しの構成とはいえ、そのすべてを個性的に埋め尽くしてしまうのは、このいろいろな成功法則が溢れている中では至難の業です。

大切なのはあくまでメリットです。その本を手に取った人が、パートナーシップをよくするきっかけや、その応援になる言葉がしっかりと入っていれば、本としてのメリットは果たせます。

1冊の本だけで、すべての人を幸せにすることは不可能です。そうではなく、パートナーシップを書いている著者たちが、いろんな角度から人を幸せにしようとしている、自分もその一翼を共に担おう、と思えば、いくらでもあなたが入っていくゾーンは見えてきます。類書（似た本）が多ければ多いほど、その分野に参入できるチャンスは大きくなるのです。

コーチやコンサル、セミナー講師などの「メンター業」は本になりやすい

私はいろいろな人のプロデュースに関わってきましたが、その中で一番出版が通りやすいゾーンの仕事があります。それはコーチ、コンサル、セミナー講師などの、いつも人と関わっている「メンター業」の人たちです。

それには理由があります。

その人たちは仕事を通して常に、人の悩みと向き合っているということです。


ビジネス書や自己啓発関連の本の最大の役割は、人の悩みを解決することです。


その「解決」を仕事にしている人たちですから、そのノウハウが本になりやすいのは当たり前のことです。しかし、このことに気づいていないメンター業従事者が多いのは残念なことです。自分が当たり前にやっていることが強みであるとわかっていないのです。メンター業の人たちが、人の問題解決をしているその言葉の中にこそ、本の卵があるのです。

これに対して、なかなか本にならない人たちがいます。

それは「私の人生って波乱万丈だから、周りの人に『本を書きなよ』ってよく勧められるんですよね」と言う人たちです。世の中には波乱万丈な人生を送っている人はたくさんいます。テレビのドキュメンタリーなどを見ていると、世の中には苦労をして乗り越えてきた人たちがいかに多いかわかります。しかし、あくまで読者が求めているのは、人の波乱万丈な人生を聞くことではなく、自分の波乱万丈な人生をなんとかクリアしていく方法なのです。

有名な経営者や、有名な芸能人の自伝もなかなか売れない時代です。そんな人たちですらそうなのですから、どこの誰だかわからない人の波乱万丈伝はなおさら手に取りません。

逆にいくら無名な人でも、読む人の心を惹きつけるタイトルをつけ、その内容がいまの悩みを解決してくれたり、心を軽くしてくれたり、ビジネスや人間関係の問題解決の糸口をはっきりと明記してくれているものであれば、一発でその本を書いたあなたのファンになります。

コーチ、コンサル、セミナー講師などのメンター業の方たちは、本になりやすい。

ぜひ覚えておいてください。

本を書きたかったら○○の近くに行きなさい

まず文章を書いてみる。いいタイトルを見つけ出す。いろいろなことを書いてきましたが、あなたが本を出す一番の早道をお伝えします。これはシンプルかつ簡単にもかかわらず、結果として強烈な方法なので、ぜひ覚えておいてください。

出版をするために一番大切なキーマンはもうおわかりでしょう。出版社の編集者です。

この人があなたを見つけて企画書を通してくれる存在なので、この存在が大切なことは十分にご理解いただけると思います。

ではその編集者はどこにいるのか？　当たり前ですが出版社にいます。しかし、その出版社にいきなり企画書や原稿を送る方法では、出版できる確率は1％以下と言われています。

そもそも編集者は常に抱えている仕事に追われているので、よほどのことがない限り持ち込み原稿に目を通してくれることはありません。しかし、編集者に認めてもらえない限り、永遠に出版できることはありません。

では一見、門戸の狭いその編集者とはどうやって出会えばいいのでしょうか？　編集者はふだん、どこにいることが多いのでしょうか？　答えを言います。

それは「著者の近く」です。編集者の一番の仕事相手は著者です。ですから著者の周りにい

るのは当たり前のことです。これがベストセラー作家と呼ばれる人たちともなると、周りには編集者しかいないと言っても過言ではないくらい、編集者がたくさん集まっています。

著者の講演会、出版記念パーティーなどもネットで調べればいくらでも検索することができます。ですから本を書きたかったら、一番の方法は著者、つまりいつも本を出している人の世界に飛び込めばいいのです。

先ほどご紹介した25年編集一本でやってきている編集者が、いつもこう言います。

「ベストセラー作家からの紹介の人は無下にはできないんです。しかも、ベストセラー作家の紹介の人の企画は当たるケースが多いんです。ベストセラー作家の周りには、未来のベストセラー作家の卵たちがいるという業界の常識もありますからね」と。

著者が紹介するということは、その著者が応援しているということになります。そして著者としても、その人のブランドにかけても、見込みのない人を紹介したりはしません。紹介されるということは、当然ですが、その著者の影響力を乗せてデビューできるラインが確実に見えるのです。

それくらい、すでに本を出している著者、ベストセラー作家という存在は、世の中に対してだけでなく、編集者に対しての影響力を持っているのです。ですから、著者の近くに身を置くということが、出版への近道ということになります。

著者の懐には、どう飛び込めばいいのか?

著者との接触頻度を高める。この大切さはご理解いただけたとは思いますが、現実的に見て、その著者を取り巻く環境によってはそれが難しい場合もあります。

その場合のチャレンジ方法についても、お伝えしていきましょう。

一般に、著者やセミナー講師、コーチ、コンサルなどのメンター業従事者という存在は、会おうと思うとわりと簡単に会えます。なぜか? セミナーや何らかの講座を開いている人が多いからです。「会いたいけど会えない」と言っている人は、私には単なる努力不足に感じます。

会える場所があるのに行っていないだけですから。芸能界ならともかく、この業界は意外と簡単に会えます。

さて、ではあなたがその場所に行ったとしましょう。ここからその著者の懐に飛び込んでいくために、あなたは次に何をしますか？　こう聞くと、「会えたらその著者に自分の原稿を見てもらいます！」と元気に答える人が多いのですが、残念ながらこの時点でこれをやってしまうと、あなたが選ばれる人になるチャンスは極めて少なくなります。これをしてしまうと、**あなたは相手にとっていきなり「くれくれちゃん」になってしまうのです。**

「将を射んと欲すればまず馬を射よ」

この言葉をご存じでしょうか？　あなたが狙っている大将を射ようとするなら、まず馬を倒せばいい、という意味です。これをこの話にあてはめるなら、著者の近くにいる人と仲良くなれ、ということです。

その著者のセミナーや講演にはさまざまな人が集まってきます。その場所で、いきなり主役である著者の懐に入っていくということは、難易度が高いでしょう。だからこそ、その周りの主催者の人や、常連、事務局の人などと仲良くなればいいということになります。

どうすればいいのか？　その人たちに夢を語ればいいのか？　これも違います。ひょっとすると、事務局やその著者の取り巻きの人こそ、最も「くれくれちゃん」が集まってくる存在かもしれません。「またこの手が来たか……」と思われないためには、逆をすればいいのです。

つまり「その人たちの役に立てばいい」ということです。

「何かお手伝いさせてください！」

こう言う人は多くはないので、必然的に目立ちます。その人たちに好かれ、「またおいで」となり、やがて常連になる。そこから著者に接触する絶好の機会への扉が開くのです。

私の人生が一番変わったのは、本を出版したときだった

現在、私は約30冊の本を出版し、累計で１００万部という実績を果たすことができました。最近は「**3坪の行商のたこ焼き屋からミリオンセラー作家へ**」というキーワードに、たくさんの方が興味を示してくださるようになりました。

しかし振り返ってみると、これは特別なことではなく、この世界の先輩方のアドバイスに従って、ただやるべきことを積み重ねてきただけというのが正直な感想です。特別なことをするのではなく、セオリーに従って、あきらめずにやることをやれば、どんな人だって本を書けるとお伝えするのは、私自身が特別な人間ではなかったからです。

何度も書いてきましたが、私は26歳のとき、たこ焼きの行商を始めました。それは決して始める前に思い描いた順風満帆なものではなく、波乱に満ちたものでした。とくにスタッフたちのモチベーションに関しては、頭を痛める毎日。なんとかしてその状況から抜け出したくて、初めてビジネス書を読み始めました。

前に書いたように、私は出版社からの社会人スタートだったのですが、その出版社は流通経済に特化したものだったので、取材対象は大手の上場企業や、飛ぶ鳥を落とすような有名企業ばかりでした。つまり、その会社の取材内容には、店のスタッフたちのモチベーションを上げるという分野の話はまったく出てきません。そして、いま主流になっているビジネス書や自己啓発書という存在すら、当時はほとんど知らなかったのです。

たこ焼きの行商を終え、陽なた家というダイニングをつくり、そのダイニングで「とにかく非効率なことを徹底的にやろう。俺たちが勝負できるのは、いかに手間と思いをかけて、お客さまに感動してもらえるかしかない」と決め、できることをとことんやっていると、それがやがて「九州の片隅に、えらく人を感動させる店があるらしい」というお客さまの口コミが広がり、全国から人が集まってくれる店になりました。

やがて事業はウェディングに発展。ここで私に大きなチャンスが舞い込んできました。

私たちの住む大分県中津市は、「からあげの街」として全国的に有名な街です。「中津のからあげ」という存在をご存じの方も多いと思います。私たちはからあげとたこ焼きを大きな銀のトレイに乗せ、ウェディングのメイン料理にしていました。

そんなときある結婚式で、新婦の叔父さんにあたる方から、ウェディング後、いろいろと質問をされました。そこで私はいままでのたこ焼きストーリーからダイニング、ウェディングに発展した経緯、幼い頃からたこ焼き屋で働き、大きくなったらたこ焼き屋になると決め、東京に修業の旅に出たこと、就職した出版社のクライアントである、たこ焼き関連企業のトップと出会い、チャンスをもらったことなど、たくさんの話をしました。するとその方が、**「君、本を書いてみないか？」**と言ってくださったのです。これが出版のきっかけでした。

まずは書いてみよう

その方は、なんと私が勤めていた出版社の取引先の出版社の編集局長でした。

その方は、「そうか、君は緒方先生のところにいたのか。これもご縁だから、まず書いてごらん。書けるだけでいいから。ある程度書いたらここに送って」と言って、名刺をくれました。

善は急げ。私はその日の夜から書き始めました。はっきり言って方法などわかりません。しかし、このチャンスを逃したくなかったので、思い切り書いてみることにしました。

半年かけて、私は15万字の原稿を書きました。ビジネス書の文字数については前述しましたが、一般に多いもので10万字、いまの主流の分量でいうと、だいたい5～7万字前後だと思います。それをはるかに超える分量になりました。

いま振り返ってその原稿を見ると、まったく使えないところが9割以上の、下手くそな文章ではありましたが、とにかく勢いに任せて書きました。

半年後、私はその編集局長に直接持って上がろうと、その出版社に電話しました。

すると思わぬ返事が返ってきました。

「〇〇（編集局長）は病気のため退社しました」

その言葉に頭が真っ白になりましたが、気を取り直して、その編集局長の連絡先を聞き、自宅に電話すると、その方が申し訳なさそうに、

「永松くん、ごめん。私はもう力になれないんだ。でも君の熱意があれば大丈夫。いつか必ず本になるよ」

「…………」

目の前に残ったものは15万字の原稿。どうしようもありません。私は泣く泣くあきらめました。その頃からずっと私を応援してくださっていた大恩人である、4章で述べた中津市の米屋の藤本社長にそのことを報告しにいくと、藤本社長から思わぬお使いを頼まれました。「東京の『読書のすすめ』という本屋さんに行って、俺の頼む本を買ってこい」というものでした。私は言われるままに「読書のすすめ」に行きました。前述した清水店長のお店でした。

変な本屋と変な編集者との出会い

初めての「読書のすすめ」は驚くことばかりでした。書店なのに、昼からいろんな人が店に集まってきて、その店の前で本について語りながら宴会をしているのです。

最初は面食らいましたが、「読書のすすめ」に何回も通ううちに、「九州からいつも本を買いに通ってきている若いたこやき屋がいる」と、めずらしがって可愛がっていただけるようになり、やがて私もその宴会の仲間に入れてもらえるようになりました。

その場の自己紹介で、とある人から「君の話をもっと聞かせてくれ」と個人的に言われ、その人の横に座りました。それが当時とある出版社の編集長で、本田健さんなど多くの有名作家を世に出していた遠藤励起《れいき》さんという方だったのです。遠藤さんは私の話を興味深く聞いてくれました。そして私が本を出したいということを話すと、遠藤さんがこう言いました。


「本を書きたい人はたくさんいるけど、実際に原稿を書いている人はほとんどいないんだよね。君もその口でしょ？」


チャンス到来。出版のきっかけをくれた編集局長が病気になったために浮いてしまった原稿を、私は常に持ち歩いていたのでした。

「あはは。本当に書いているのか。面白いなあ。この原稿は使えないけど、その熱意は買った。今度うちの会社においで。前向きに話を進めよう」と言ってくれました。

その数ヵ月後、私はたまたま「読書のすすめ」の清水店長のご紹介で、人生の師匠に出会うことができました。そして師匠、清水店長、遠藤さんの多大なる後押しのおかげで、2006年5月25日に初めての本を出版することができたのです。しかし、残念ながら初出版の2年後、その出版社が倒産。当然最初に書いた本も再販がなくなってしまいました。

「俺の出版人生はこれで終わった」と思っていたその2年後、またまた「読書のすすめ」の飲み会で現代書林という出版社の坂本社長という方と知り合うことができ、メンターから教えてもらったことをまとめた本を2作に分けて出版。そして翌年、初めての本を出してから5年後の2011年5月25日に出した『感動の条件』という本がベストセラーとなり、そこから本格的に出版のオファーをいただくようになり、現在に至ります。

逆境こそが、あなたをブランドにする

あなたはいまどこに住んでいますか？　情報の集まる都会でしょうか？　それともなかなか

情報が手に入りにくい地域に住んでいますか？　ここでは後者の人に向けて書きます。まずはおめでとうございます。あなたの前途は洋々です。それはなぜなのか？

あなたというブランドを立ち上げるとき、何にも増して必要になるもの、それは「ハングリー精神」です。この強い思いと〝渇き〟がないと、ブランドを手に入れる長い道のりを歩き続けることができません。

私は、成功するためにはある程度の飢えが必要だと思っています。情報が簡単に手に入らない。だったら自分から足を運んで取りに行くしかない。この状況が、あなたの行動力を育てるのです。恵まれた環境にいると、この行動力が育ちにくいのです。ですから環境が恵まれているほうが必ず有利とは限らないのです。

いまでこそ私は東京という編集者がたくさんいる場所で本を書かせてもらっていますが、もともとは大分県の中津市で執筆業を始めました。相談できる仲間もいない、読者もいない、口述筆記をしてくれるライターさんもいない。書き方を教えてくれる人もいない。ないないづくしの環境だったのですが、だからこそ、「どうしたらもっと効率的に、いい本が書けるのか？」を真剣に考えることができました。

全国いろいろな街はありますが、トップまで行った人たちの力にそんなに大差はありません。むしろ、不利な環境から上っていった人たちのほうが、ある意味底力があると言えるかもしれません。

いまはネットの発達により、情報においては都会と地方の格差が少なくなって来ました。望みさえすれば、そしてネットのつながる場所であれば、どこでも同じ情報を入手できます。どんな環境であっても、あなたは必ず影響力を手に入れることができるのです。

「ないないづくし」が生み出した奇跡

本を出したことにより、講演の機会もたくさんいただくようになりました。多い年で200本を超える講演行脚《あんぎゃ》をしたこともあったのですが、どちらかというと私は執筆のほうが好きだったため、出版に力を入れていきました。講演も楽しいのですが、どうしてもその当時本業であった飲食の現場を離れなければいけなくなるために、お店でもできる執筆の分野に力を入れたというのも、私が出版を柱に選んだ大きな理由です。

その当時、私たちの飲食店は福岡に出店していたので、主に福岡のお店のカウンターで原稿を書いていました。これにはとても便利な状況がたくさん生まれました。カウンターで書くので、店のまかないを食べることができます。お客さま側に座っているので、お店の状況がよく見え、営業で気になった部分をスタッフに指示することもできます。本を読んで全国から来てくださるお客さまと会うことができます。そして向き合ってお客さまの悩みを聞いているうちに、次の本のネタが浮かびます。

そして何よりありがたかったのが、スタッフたちの意識が変わったことでした。

私が本を書き始めた当初は「社長、何やってんだろ?」という目線でしたが、書いた本が書店で平積みや壁一面に並べられていることが彼らの誇りになり、彼らが私の出版を手伝ってくれるようになりました。

そして、この事業は流れるようにチャンスがたくさんやってきました。お客さまの中には、本を書きたいという方もたくさんいました。その方たちに企画書のつくり方や本の書き方を教えていくうちに、出版プロデュースの仕事が生まれました。現在までに45作の本をプロデュースさせてもらい、5万部を超えるベストセラーも数作誕生しています。

そしてもう1つ、福岡のカウンターでの執筆業の中で生まれた事業があります。

それは「出版スタジオ」です。

出版は地の利がものを言います。ビジネス書の著者の8割は関東近県に居住しているというデータがあります。これは、どうしても編集者の近くにいることに比例して、出版のチャンスが増えていくということを明確に示しています。

しかし、当時の私たちは九州の福岡在住。打ち合わせのたびに毎回東京に行くのには、どうしても打ち合わせにコストがかかってしまいます。

編集者との打ち合わせもそう簡単にできる距離ではありませんし、そもそも田舎町の駆け出しの著者のために、そんなに時間やお金をかけてくれる出版社はそうそうありません。

結果的に自分たちだけでやるしかなかったのです。

ところが私の店にはありがたいことに、イラストレーターやフォトショップを使えるデザイナーの経験者や、ウェディング事業をやったことにより生まれた映像ディレクター、ネットに詳しいスタッフたちが揃っていました。

彼らのがんばりのおかげで、企画、ライティング、表紙作成、本文のデザイン、映像制作など、出版の製作部門をすべてカバーした「陽なた家出版スタジオ」が完成したのです。

講演やセミナーは、店の宴会フロアを使って、お客さまに足を運んでいただけるスタイルに重きを置きました。この集客のため、ネットを学び、お客さまのリストを集めるということで生まれたマーケティングスキルに加え、著者のブランディングをコンサルティングしていくというプロモーションの部門も自然発生的に誕生しました。

出版という分野の中では不利な環境だったおかげで、企画、執筆、本文構成、表紙デザイン、書店営業、映像編集、読者さんのリスト集めなどが、自社ですべてできるようになってしまいました。それが発展して、出版プロデュースや著者のブランディングをすべて請け負う出版スタジオが完成したのです。

いま思えばあの不利に思える環境だったからこそ、自分たちの頭でものを考える習慣がついたのだと確信できます。

「出版の学校」をつくろう

「飲食の実業をやりながら、書籍の売上100万部」

これが本格的に出版を始めたときの私の目標でした。

しかし、目標というのはゴールに近づけば近づくほどそのパワーがなくなってしまいます。ゴールが見えたら、その次のゴールを設定し距離を伸ばしていかないと、ゴールにたどり着いたときに、燃え尽き症候群になってしまうのです。

コンサルの仕事を通して、いつも人にそう伝えている私自身も、累計売上80万部を超えた頃から次のゴールを探すようになりました。ゼロから出版を始め、いろんな先輩や出版社の方から多大なる応援をいただきながら、こうして執筆や出版プロデュース、出版スタジオという事業を立ち上げることができた私にできること。先輩方が私にしてくれたことを次世代の人たち

に伝えるためにいまの私ができること。いろいろ考えた結果、見えてきたのが、

出版の学校

でした。もともとのゴールであった100万部にたどり着いたら、新たにその事業を立ち上げようと決めました。

世の中には、素晴らしいコンテンツやノウハウを持った人がたくさんいます。しかし、それをどうまとめ、どう世の中に発信していけばいいのか、その過程で迷う人はたくさんいます。

出版プロデュース業を通して、経営やメンター業の一流の人たちの中にも、出版の方法を知らない人がたくさんいることに気がついたのです。

ありがたいことに、私の周りにはたくさんの出版関係者がいてくれます。その人たちにとっても、優秀な新人と出会う場所があれば、みんながウィンウィンになります。

この新しいゴールを決めてからというもの、まるで導かれるようにこの話が進んでいく2つの出会いがありました。

私のある書籍の企画でご一緒させていただいた、越智さんという編集者がいました。越智さんはPHPエディターズグループの常務をされていたのですが、2017年9月をもって、出版プロデューサーとして独立しました。退職祝いをさせていただいたのですが、その席で「出版の学校」の話をしました。すると越智さんが賛同してくれ、その学校のディレクターとして力を貸してくれることになりました。

越智さんとはそれからも新刊の企画をつくっていたのですが、そのやりとりの中で、越智さんのフェイスブックに懐かしい人からコメントが入っていました。それが私の最初の本を世に送り出してくれた、遠藤励起さんでした。そのとき遠藤さんは学研に移籍していました。

久しぶりに遠藤さんと会うと、開口一番「永松さん、俺、学研を定年退職したんだよ。フリーになったから、なんか一緒に仕事をしようよ」ということになり、その出版の学校の話をすると、遠藤さんも興味を持ってくれ、結局、始める前から「越智、遠藤ライン」のダブルディレクターが決まりました。

これまで2人が世に出した本の実績は累計1000万部ずつ。足して2000万部。とんでもない実績です。3人で出版の学校の企画を始め、ご縁のある編集者たちにお声掛けをさせてもらうと、評議委員としてたくさんの現役編集者が集まってきてくれました。

これにアドバイザーとして現役の作家たちも集まってきてくれており、次世代の作家の卵たちを世に出そうという大々的なプロジェクトになりました。

コンテンツの作成を終え、現在はゼロ期生として永松塾の数人を相手にプログラムをつくり込んでいます。本格スタートは2018年の秋に決まりました。

この学校を通して、どんな著者の卵と出会えるのか、どんな企画が生まれるのか、そしてどんなドラマが生まれるのか、いまから楽しみでなりません。出版は、一般人として人生を送っている人が、机とパソコンだけで未来を切り拓いていける、夢と出会いのある分野なのです。

あなたの本が書店に並ぶという未来

私は、出版とは男ができる唯一の出産だと思っています。女性が子どもを産んだとき、枕元に子どもを寝かせて微笑んでいる写真をよく見ますが、それと同じことができるのが、この出版なのです。初めての本が生まれたとき、私はいっとき枕元にその本を置いて寝ていました。周りの著者もそうやって枕元に置いて寝ていたという話をよく聞きます。

いま、私は本ができるときに習慣にしていることがあります。それは見本を持ってきてくれた編集者と、その本を隣に置いて酒を飲むという儀式です。

この瞬間、「本をつくるっていいな」と、いつも感じます。もちろん産みの苦しみにその企画から逃げ出したくなることも何度もあります。しかし、その本を待ってくれている人や、その本を通して少しでも笑顔になってくれる人がいるかもしれないという使命感と、新刊に会えるその喜びと期待値が、その苦しみを吹き飛ばしてくれます。

「出版はいまからダメになる」という言葉を耳にすることがありますが、私はそんなことはないと思います。世の中が右肩下がりになって、人手不足が叫ばれる業態はたくさんあります。

しかし出版は違います。ネットの発達やパーソナルの自己実現ビジネスが反映してきたいまの世の中、前に書いたように、出版は自己実現の最高峰になっていきます。

それには理由があります。

出版不況と言われる世の中で、出版点数は絞り込まれ、以前より出版社の新刊企画に対するジャッジは厳しくなっています。しかし、本を出したい著者の数は右肩上がりで増えています。ということは、その厳しい審査をくぐり抜けて出版できたということは、その著者のブランド価値は大きく上がっていることになります。

その狭き門をくぐるということは、影響力を与えるインフルエンサーとしてのライセンスを手にしたということになるのです。

笑われたっていい。本を出してたくさんの人を幸せに導くメンターになる。そんな夢があったっていい。私はそう思っています。

もう一度最後に言います。出版はこれからのパーソナル時代における自己実現の最高峰です。世の中に影響を与える本を書く。その夢をあきらめる必要などありません。

あなたの本が書店に並ぶ日は、必ずやってきます。

LAST Chapter

あなたがブランドになる日

Brand

いまからの時代の、最高のエンターテイメント

戦後、復興、高度経済成長、バブル、不況、一億総ＩＴ時代。時代背景によって私たちの求めるものは大きく変わります。

戦後から復興期は「生きるための時代」。美味しいものを食べることを目指しました。そして高度経済成長期。この時代は「モノの時代」。どんなものを手に入れるかを人は目指しました。

バブルは「見栄えの時代」。人からどう見られるかに、すべての価値がありました。

90年代に始まった不況期は「価値観大転換の時代」。それまで正しいとされていた大手神話や土地神話がすべて崩壊し、モノはあまり、人が見栄えや価格ではなく、価値というものを本気で考え始めた時代。

そして21世紀はじめの一億総ＩＴ時代は「情報の時代」。人がモノを価値として考える時代

は完全に終わり、外見より自分自身の存在というものを目指す時代が始まりました。モノはすべてと言っていいほど手に入り、多くの人たちが、埋もれてしまう横並びの個性ではなく、自己を発信しはじめるようになりました。

そして、ここから本格的に始まる、自分を表現する方法を手に入れた私たちが目指す、なりたい自分になるという新しい時代。この時代を私は「自己実現の時代」と定義しています。

実際にいま、この「自己実現を売るビジネス」が大きく発展しています。自己啓発市場の急成長、ライザップなどの憧れの自分を手に入れるというスタイルのライフ提案ビジネスの誕生。未来体験に人の興味が移り始めたのです。

しかし、これは同時に問題があります。それは「憧れられる大人が少ない」ということです。

先日、ご縁でとある大学生たちを対象にワークショップをしてきました。

どの参加者もしっかりと自分を持っている若者たちでしたが、その中の一人から、衝撃的なことを言われました。

「夢を持って生きることが大切なのはよくわかるんですが、僕はそうやって夢を持っている大人にほとんど会ったことがありません」

というものでした。確かに「なりたい自分になる」とは言っても、そこにはモデルとなる存在が必要です。憧れが未来をつくるのですから。私がいまこうしてメンターの育成ということを仕事にできているのも、若い頃、その姿を見せてくれるメンターに会えたおかげです。

いまからのパーソナル時代は、さらに憧れられるメンターの存在が必要になってきます。

何かに楽しませてもらう生き方から、誰かを楽しませ、成長に導いていく生き方へ。

自己実現こそが、これからの時代の最高のエンターテイメントなのです。

これから生まれる、もう1つの芸能界

「いまからは一般に生きている人たちが芸能人みたいなブランドになれるよ。そしてそれが新しいビジネスになる時代が来る」

これが私の師匠の口癖でした。この言葉を聞いた当時は、とにかく飲食のビジネスを大きく

しなければ自分の先はないと思い込んでいました。そんな私に師匠が言ってくれたことが大きな方向転換のきっかけとなり、現在の私の生き方の指針になっています。

「あのね、京都のどこかの山だったと思うんだけど、その山のてっぺんに、それは見事な桜の木があるんだよ。あまりにも綺麗だから、その桜を見るためにたくさんの人がその山を訪れるようになった。そしたらやがて道ができて、その道にたくさんの屋台が立って、その周りがとても賑やかになった。いろんなところに足を運んで幸せを届ける生き方も素敵だけど、この桜みたいに見事に咲き誇って、わざわざ人が会いに来る。そんな生き方も魅力的だと思うよ」

私はこの教えを「一本桜の生き方」と言っています。

何度も書いてきましたが、ＩＴの出現により、影響力が一部の権力者やマスコミから、個人に流れてきました。これからはさらに加速して個人への移行、パーソナル化が進んでいくと予想できます。そうなると、いまにも増して一般の主婦やＯＬ、サラリーマンや個人経営者たちでも、大きな影響力を手にすることができるようになります。戦後、人々の心を明るくするために生まれた芸能界。これに対してもう1つの芸能界が生まれます。

それは一般人がブランドになる「ビジネス芸能界」です。

ごく普通の人が発信を通して影響力を持ち、誰かの憧れになる。そして次世代を導いていくメンターになる。このメンター業を始めとする、ビジネス芸能人の市場が大きくなっていきます。そうなると、そのスターたちは自分の腕を磨くことが必須になりますから、そのかわりに彼らを支えてマネージメントしていくプロダクションや、パーソナルブランドビジネスの夢を実現するプロデューサーたちが生まれてくるでしょう。その時代が幕を開けるのです。

出版、講演やセミナー、コーチやコンサルといったメンター業がタレント業になってきます。

これは大きなチャンスです。

あなたの生きてきた道や、あなたという生き方がブランドになり、あなたの周りに人が集まり、その人たちに自分の経験を伝えることが仕事になるのです。桜のごとく、あなたがいる場所に日本中から人が集まる、そんな影響力を持ったあなたになれるのです。

限りある時間を後悔しないためにも、いますぐ一歩を踏み出そう

大好きな人に囲まれ、好きなことを仕事にし、日々成長しながら、なりたい自分になる生き方。ここまでその方法を提案してきました。

しかし、現実は多くの人が自分の人生に限界をつくり、その可能性をあきらめているのは残念なことです。このあきらめの裏には、原因となる病《やまい》が隠されています。それは「先延ばし」という病。あまりにも平和すぎて、「自分が死ぬとは思っていない」ということです。

質問します。あなたの人生が残り半年だったら、あなたは何をしますか？

やりたいことを我慢しながら最後まで過ごすでしょうか？　決してそんなことはないと思います。何を隠そう、私も以前はいろんなことを我慢し、「いつかできるようになったときに、やればいいいさ」と自分で自分をごまかしていた時期がありました。

しかし、ある尊敬する先輩にこう言われたことがあります。

「茂久、可能な限り、やりたいことは思い立ったらすぐにやれ。そうすることで次が見えてくる。人生はチャンスがやってくるのをゆっくり待っているほど、長くはないよ」

その言葉をきっかけに、可能な限りできることはなんでもやってみようとチャレンジするようになりました。すると、自分がそれまで不可能だと思っていたことが、自分の単なる思い込みだったということがわかってきたのです。

チャレンジには勇気がいります。しかし、実際にチャレンジしてみると、「あれ？　私はなんであんなことを怖がっていたんだろう？」と不思議に思うことはたくさんあるでしょう。

ブランディングにも同じことが言えます。影響力を持ち、インフルエンサーになった人に憧れながら、その片方で、自分で限界をつくり、あきらめる。

いまからのパーソナル時代、これはとてももったいないことです。

余命半年と仮定して、本当に自分のやりたいことをまず考えてみましょう。あなた自身の心の声を聞いてください。自分はどうなっていきたいのか？　自分は何をやりたいのか？　インフルエンサーたちはそれを考え、一歩を踏み出し、憧れの自分を手にしてきたのです。

周りの理解をしっかりと得る

インフルエンサーを目指して歩き始めるということは、あなたにとって新しいチャレンジになります。いままでの生活スタイルは大きく変わっていくでしょう。

そんなとき、ひょっとするとあなたのことを冷やかそうとしたり、「絶対に無理だよ。そんな夢は見ないほうがいいよ」と、足を引っ張ろうとする人が出てくるかもしれません。そんな人にムキになってあなたの挑戦への思いを語っても、理解はしてくれないでしょう。

そういう人にわざわざ共感を求める必要はありません。思いを語るのは、あなたのことを理解し、応援してくれる人だけでいいのです。どんな勇者でも、最初は周りから笑われ、バカにされるところから始まると相場は決まっていますから、そのときは「嫌な役をわざわざ引き受けてくれてありがとう」と感謝して、あなたはあなたの道を歩き始めればいいのです。

ただ、その中でいくらあなたのやりたいことを理解してくれなくても、まずは必ず理解してもらわなければいけない人がいます。

それは、あなたの家族やスタッフ、そしてあなたがどうしてもこれから共に歩いていきたいと思っている、大切な仲間たちです。

影響力を手に入れる道のりはエキサイティングではありますが、楽しいことばかりではありません。ときには辛いこともあります。

そんなとき、もしあなたの一番大切な人たちから反対されると、心が折れてしまいます。他人の嘲笑は我慢できても、身内の反発はきついものです。協力するまでには至らなくても、せめてあなたがやることに対する理解はしてもらいたいものです。

私も飲食事業の傍らで、出版や講演、コーチングなどの分野に乗り出したとき、一番反対されたのは私の会社の会長である父と、専務である弟でした。会社で一番影響力を持っているこの2人に反対されては、スタートは切れません。

最初、父と弟は「そんな夢みたいなことを言ってないで本業一本で行け」の一点張りでしたが、何度も何度も話し合いを重ね、やがて私の思いを理解してくれました。

いま、2人は私にとっての一番の応援団です。2人の応援のおかげで私はいま東京で人財育成の事業に専念することができています。あなたにとって、それは旦那さんや奥さんかもしれません。もしくは恋人や、あなたが大切にしてきたスタッフかもしれません。

いずれにせよ、あなたの一番近くにいる大切な人。この人たちだけには、「何をやるのか？」「なぜやるのか？」「どのようにやるのか？」という思いをしっかりと伝え、理解をもらった上で、思いっきり一歩を踏み出してください。

人はいつでも誰かのために

2016年5月23日、私は母を亡くしました。1年間の闘病生活を共に過ごしたので、亡くなってから数ヵ月、私は抜け殻のようになってしまいました。事業を始めて十数年の中で、あれだけ何もしない期間を過ごしたのは初めてだったと思います。

じつはそのときまで、私自身、これといって夢と言えるものはありませんでした。ただ目の前のことを一生懸命やっていたら、たこ焼き屋がダイニングになり、ウェディングに発展し、店が増え、そして同時に出版や講演、コンサル業と広がっていった、そんな感じでした。

「ところで俺は、これから何をやっていけばいいんだろう？」

母を亡くし、途方に暮れていた3ヵ月、ずっとそのことばかりを考えていました。

そんな同年8月、母の初盆の日、一通の遺書が出てきました。それは母が私に残してくれたものでした。その遺書の中にこんな言葉が書いてありました。

「あなたは絶対、日本一のメンターになれるよ」

この言葉で私のやるべきことが見えてきました。

メンター。自分の知識と経験をもとにして誰かを導く人。

「日本で一番メンターを育てた人が、日本一のメンターだよ」

母は病室でいつもこう言っていました。この言葉で、私はそれまでやってきた事業をスタッフたちに任せ、東京に事務所を構え、同時にメンター育成の永松塾を開講しました。結果的に母のこの言葉と、塾生たちの言葉のおかげで「個をブランドにするメンター育成の専門家」としての新しい人生が始まったのです。

もし何かの分野で日本一になったとき、その人を産んだお母さんは、日本一の母ということになります。私の夢は、母を日本一にするために、メンター育成の分野で日本一になることです。まだまだ道なかばですが、母がくれたその夢を実現するために、いま私は生きています。辛いとき、心が折れそうなときも、母がくれた遺書を見るだけで、元気になっていく自分がいます。

自分を大切にする、自分の気持ちを優先する、という考え方はいいことだと思います。しかし、それと同時に、自分以外の誰かを喜ばす、幸せにすると決めたとき、人は初めて強くなります。自分一人のためだとできないことが、誰かを幸せにすると決めることで、人はとてつもない力を発揮します。

そうやって誰かを幸せにしようと決めた人が、必ず手にしなければいけない力があります。どれだけ素晴らしい思いがあっても、どれだけ周りの人を幸せにしたくても、その力を持たなければその思いは届きません。

人は「何を言うか」より「誰が言うか」に重きを置きます。

そう考えると、あなたがその力を持つということは、権利ではなく、義務なのです。

「誰が言うか」の「誰」になること、この「誰」にあなたの名前を入れることが、あなたのやるべきことなのです。その力こそが「影響力」なのです。

ギフトを与える人がブランドになる

この本を通して、私は「相手に与えるメリット」ということの大切さを、ここまで強調してきました。このメリットは、「ギフト」と言い換えることができます。

影響力を手に入れることは、あなたが誰かを導き、そして幸せにするための「ギフト」を持つということです。


この影響力を持つための道のりは、いいことばかりではないかもしれません。いわれのない理不尽な誹謗中傷に遭うことだってあるかもしれません。

しかし、この「誰かのために」という思いがあれば、必ずあなたに素晴らしい応援者や協力者が現れ、あなたを支えてくれるでしょう。

この誰かのために、という思いを持ったギフターたちの志のことを、私は、

「フォーユー精神」

と呼んでいます。

このフォーユー精神こそ、日本の先人から私たちが受け継いだギフトなのです。

ギフトをもらった人は、次の人にそのギフトを渡していくという役割があります。

自分の成長のために学ぶことは素晴らしいことです。しかし、ここからは、ただ学ぶだけで

なく、あなた自身の経験をもとに、伝える側に回る人たちが必要になるのです。

そうした影響力を持ったインフルエンサーたちが1人でも多く生まれることで、後に続く次世代の人たちが、目指すべき憧れや道しるべを手に入れることができます。

夢を追う生き方から、誰かの夢になるという生き方へ。

後に続く人たちを導くためにも、あなた自身がもっと高みに登り、大きな視点から周りの人たちのナビゲーションをしていく。「次世代にギフトを渡すんだ」というフォーユー精神を持った人こそが、影響力の継承者なのです。

最後に、想像してみてください。

影響力を手にし、ブランドと呼ばれるようになったあなたの周りに、たくさんの人たちが集まってくる未来を。

想像してみてください。
昔のあなたと同じような辛い体験をした人が、あなたの力によって新しい未来への希望を持って目を輝かす姿を。

想像してみてください。
あなたの目の前にいるあなたの一番大切な人が、最高の笑顔で「あなたに会えてよかった」と感謝を込めた握手を求めてくる姿を。

影響力、それはあなたのためにこそ準備された力。その影響力を手に入れ、あなたがブランドになる日。今日がそのゴールに向かうあなたの旅立ちの日なのです。

最後に質問します。

あなたは誰にギフトを届けるために、影響力を手に入れますか？

数年後、とある書店にて——

パーティーが始まるまで時間があったので、僕はあの本と出会ったいつもの書店に立ち寄った。あれからというもの、かなりこの書店には通ってるけど、今日はいつもとは違う特別な思いだ。ドキドキする。

馴染みのビジネス書コーナー。初めてここに来たときはまったく知らなかった著者たち、「どこの星の人ですか？」と思わず聞きたくなるくらい、遠い世界の住人だったはずの人たちが、いまは身近な存在になった。実際に会ったことのある人、一緒にお酒を飲ませてもらったことのある人たちの本がたくさん並んでいる。

あ、メンターの本もある。

すごい、みんな展開が大きいな。いつかこのコーナーに肩を並べられたらいいな。

そんなことを考えながら、僕はある本を捜した。

今日は僕の人生初の出版記念パーティー。

同時に今日は、僕の初めての著作が全国の書店で並び始める日でもある。

起業してから出会った友人たちが、「ささやかだけど」と企画してくれたのだ。

ところで、僕の本はどこにあるんだろう？　ビジネス書のコーナーに並んでいるって編集者さんが言っていたのに――どこにもない。

やっぱり初めての著者の本だと、並べてくれないのかな？　まあ、当たり前か……。

がっかりしながら、僕は出口につながるエスカレーターに向かった。

あ、ある！　しかも新刊コーナーのワゴンに、びっしり詰めて置いてくれている！

あまりにも嬉しすぎて思わず写メ。これ、ＳＮＳに使おう。でもな、せっかくなら顔の入った写真欲しいな。自撮りしようかな。でも周りに人がいるし、恥ずかしいな。

そんなことを考えていたら、一人の女性がその新刊コーナーの前で、僕の本を手にとってパラパラとめくってくれていた。めちゃくちゃ緊張する。まるで自分の子どもの入学後の、初参観日の親のような気分に僕はなっていた。

「買って！　お願い。『僕、その本の著者なんです！』って挨拶しようかな。でもそれもなんかカッコ悪いよな……」

その女性は僕の本を元の場所に置いて、エスカレーターを降りていった。

残念ではあったけど、いま、この状況がとても感慨深い。

数年前、この書店に初めて立ち寄ったとき、まさか自分が本を書くなんて思っていなかった。

人生は出会いで大きく変わる。夢は必ず現実化する。

今日、僕はパーティーに来てくれる人たちに、初めてこの書店に立ち寄ったあの日の話をしよう。もちろんだけど、わざわざ駆けつけてくれるメンターや、このパーティーを企画してくれたみんなへの感謝も忘れないようにしなきゃ。

よし、せっかくだから2冊買っとこう。サイン会もするらしいから、会場にはたくさんあるけど。うーん、残念。レジのお姉さん、僕が著者だって気づいてくれなかった。

まあ、いっか。さて、そろそろ時間だ。言われた時間に遅れないようにしなきゃ。

僕は書店を出て、パーティー会場へと急いだ。

あとがき

いままで、たくさんの本を書かせていただきましたが、この本ほど完成に時間がかかった本はありませんでした。構想から3年。やっとこの本を出すことができました。

『影響力―あなたがブランドになる日』

このタイトルを私に提案してくれたのは、いままで私と一番多くの本をつくってきた、きずな出版の小寺編集長。3年前、小寺さんはまだ編集長ではなく、いち編集者でした。

私がいつも立ち寄る、麻布十番にある友人の経営する鉄板焼き屋で、「永松先生、影響力について書いてくださいい」と、この本の企画書をくれました。とてもワクワクし、ときめいたのですが、正直、その当時の私にはこの本を書く勇気がありませんでした。

「小寺さん、ありがとうございます。自分に納得がいったとき、いつか必ず書かせてもらいます」と私はお答えしました。すると、「先生、いつだったら納得がいくんですか？　いまその基準を決めましょう」と小寺さんに言われ、2人で話し合った結果、「著書累計で100万部いったら、この本を出版しましょう。それまではリサーチ期間ということで」ということになりました。そこから小寺さんは、ことあるごとに私に「影響力」にまつわる資料や情報を持ってきてくれました。

そして今年2月。先述した出版学校のディレクター越智さんの企画で、やっと累計100万部に届いたことで、本格的に小寺さんと企画会議を開始。ここまで自己啓発書を中心に書いてきた私が、4年ぶりにチャレンジした本格的ビジネス書。そして生まれたのが、この本です。

最初は書けるか不安でしたが、この本は、いつにも増して、不思議と書いていても楽しくてどんどん書き進み、原稿は8日間で仕上がってしまいました。

本を書いていて、久しぶりに、「書きたいことがあふれて止まらない」状態になり、書きすぎて文字数がオーバーしてしまい、残念ながら、丸ごと1章分を削らざるをえないという状況になってしまいました。

泣く泣く削ったとはいえ、これから影響力を持ってインフルエンサーになっていただくあなたに、お伝えしたい要素をちりばめた項目です。

小寺さんと話し合った結果、読者の皆さまにプレゼントさせていただけることになりました。**ダウンロードすれば読んでいただけるように準備させていただきましたので、ご興味のある方は、巻末にあるＱＲコード、もしくはＵＲＬからご覧になってください。**

本格的に著者としての活動を始めて8年。

本文中にも書きましたが、私にとって１００万部というのは、大きな目標でした。「１００万部を達成したらやること」を３つ決め、それをノートにメモしていました。

１つがこの『影響力』という本を書くことでした。

２つめが、「メンター育成の学校をつくる」というもの。この学校の柱は３つ。コーチングスクール。パーソナルブランディングのスクール。そして一番メインである、出版の学校。この出版の学校の本格的な開講は、２０１８年秋の予定ですが、これもまた不思議なご縁で、小寺編集長からご紹介いただいた、ＤＭＭオンラインさんのご協力のもと、まずは「オンライン版永松茂久 出版の学校」という、オンラインサロンを、この本の刊行月である２０１８年6月に開設できる運びになりました。

「いま、本を出している著者は、どんなふうに本を出してきたのか？」
「編集者はどんなことを考え、どんな人を求めているのか？」
「どうすれば、自分の本を出せるのか？」

このテーマに絞って、出版についての大切なことをお伝えしていきます。全国どこでも学べるネット講座です。これも巻末に情報を載せておきますので、ぜひのぞいてみてください。

そして3つめ。私がこの本に何度も書いてきた、私の原点である大分中津の「陽なた家本店」。3坪の行商を終え、初めて出店した本格的なダイニング。仲間たちと泣き、笑い、走りまくった店、出版のきっかけを生み出してくれた店、いろいろな人との出会いをくれたこの店は、この本を出すタイミングの2018年6月末をもって、営業を終了します。

2003年5月14日にオープンしてから丸15年。多くの思い出が詰まった私たちの宝箱。当時の創業メンバーたちが私のグループの他店の後継店長になったこと、そして彼らのオーナーとしての独立。これに加えて、私の東京移籍。そして本格的な出版や永松塾、そして出版、ブランディング、コーチングのスクールの立ち上げが、営業終了の理由です。諸行無常。形あるものはいつかなくなるとは言われていますが、まさにその通りで、寂しさもありますが、本当にいま、感無量です。

ここからは、この陽なた家の経験を通して生まれた人財育成のセオリー、出版の手法、そしてコーチングスキルをプログラム化し、新しく事業展開をしていきます。

その閉店と同時に生まれたこの本の存在は、とても私にとって感慨深い存在です。飲食店から人財育成という形に事業スタイルを変え、ここから本格的に新しい陽なた家をつくっていこうと思っておりますので、どうぞよろしくお願いいたします。

これまで陽なた家本店を可愛がってくださった皆さまに、この場をお借りして、心から感謝申し上げます。

最後に、この本の企画をいただいたきずな出版の小寺編集長、そしていつも温かく見守ってくださるきずな出版の皆さまに御礼を申し上げます。いつも本当にありがとうございます。引き続きよろしくお願いいたします。

そして私の最も大切な3つのチームの仲間たち。

まずは新しいステージで出会ってくれ、現在共に歩いてくれる永松塾のみんな。

知覧フォーユー研修さくらまつりの仲間たち。

(株)人財育成JAPAN陽なた家ファミリーのスタッフたち。

本当にありがとう。みんなのおかげでまた新しい本が生まれたよ。ここからも引き続き、みんなで高みを目指していこうね。


そして、何よりも、この本を通して出会ってくださったあなたへ。あなたとの新しいこの出会いに心から感謝いたします。

あなたが影響力を持ちインフルエンサーとして、さらに輝いていく未来を祈って筆を擱《お》きます。いつかあなたとリアルでお会いできますように。感謝。

本格的な夏の到来を待つ麻布十番出版スタジオにて
永松茂久

読者限定プレゼント!!

ページ数の関係で本書に載せられなかった

「幻章」無料メール配信

■自分を明確化する3つの大きなメリット
■あなたを輝かせる鍵は、あなたの過去にある
■簡単に会えない人になろう
■お客様を満足させすぎるのはやめましょう
■まずは小さなとこを満席にしよう
■方法は何回でも変えていい
■まずは簡単なところから手をつける
■弱みは無視して、まずは得意なことに一点集中する
■自分の周りを賑やかにする
■周りを輝かせることができる人が、結果的に一番輝く
■あなたが本当の意味でお客さんに与えるメリットはなんですか?
■資源のない日本が生んだ世界一のブランド資源

永松茂久　影響力　幻章

QRコードからも「幻章」
メール配信登録できます。

著者プロフィール

永松茂久（ながまつ・しげひさ）

株式会社人財育成JAPAN代表取締役／永松塾主宰／知覧{ホタル館　富屋食堂}特任館長
大分県中津市生まれ。「一流の人材を集めるのではなく、今いる人間を一流にする」というコンセプトのユニークな人財育成には定評があり、数多くの講演、セミナーを実施。「人の在り方」を伝えるニューリーダーとして多くの若者から圧倒的な支持を得ており、累計動員数は述べ39万人にのぼる。経営、講演だけではなく執筆、人財育成、出版スタジオ、イベント主催、映像編集、コンサルティングなど数々の事業展開をこなす、メイドイン九州の実業家である。鹿児島県南九州市にある「知覧ホタル館」の特任館長も務め「知覧フォーユー研修さくら祭り」など、自身が提唱する「フォーユー精神」を培う研修を行っている。
著書に『心の壁の壊し方』『男の条件』『人生に迷ったら知覧に行け』『成功の条件』『言葉は現実化する』（きずな出版）、『感動の条件』（KKロングセラーズ）、『いい男論』（クロスメディア・パブリッシング）ほか、部数は累計100万部を突破している。
http://nagamatsushigehisa.com/

影響力
あなたがブランドになる日

2018年7月1日　第1刷発行

著　者　　永松茂久

発行人　　櫻井秀勲
発行所　　きずな出版
東京都新宿区白銀町1-13　〒162-0816
電話03-3260-0391　振替00160-2-633551
http://www.kizuna-pub.jp/

ブックデザイン　池上幸一
写真　　村岡健太郎
印刷・製本　　モリモト印刷

ISBN978-4-86663-040-3

きずな出版